心一堂術數古籍珍本叢刊

書名：王元極校補天元選擇辨正【原（彩）色本】
系列：心一堂術數古籍珍本叢刊　第二輯　選擇類　235
作者：【民國】王元極
主編、責任編輯：陳劍聰
心一堂術數古籍珍本叢刊編校小組：陳劍聰　素聞　梁松盛　鄒偉才　虛白盧主

出版：心一堂有限公司
通訊地址：香港九龍旺角彌敦道六一〇號荷李活商業中心十八樓〇五－〇六室
深港讀者服務中心·中國深圳市羅湖區立新路六號羅湖商業大廈負一層〇〇八室
電話號碼：(852)67150840
網址：publish.sunyata.cc
電郵：sunyatabook@gmail.com
網店：http://book.sunyata.cc
淘寶店地址：https://shop210782774.taobao.com
微店地址：https://weidian.com/s/1212826297
臉書：https://www.facebook.com/sunyatabook
讀者論壇：http://bbs.sunyata.cc/

版次：二零一五年九月初版
平裝

定價：港幣　八百九十元正
　　　人民幣　八百九十元正
　　　新台幣　三千五百九十元正

國際書號：ISBN 978-988-8317-02-8

香港發行：香港聯合書刊物流有限公司
地址：香港新界大埔汀麗路36號中華商務印刷大廈3樓
電話號碼：(852)2150-2100
傳真號碼：(852)2407-3062
電郵：info@suplogistics.com.hk

台灣發行：秀威資訊科技股份有限公司
地址：台灣台北市內湖區瑞光路七十六巷六十五號一樓
電話號碼：+886-2-2796-3638
傳真號碼：+886-2-2796-1377
網絡書店：www.bodbooks.com.tw
台灣國家書店讀者服務中心：
地址：台灣台北市中山區松江路二〇九號一樓
電話號碼：+886-2-2518-0207
傳真號碼：+886-2-2518-0778
網絡書店：http://www.govbooks.com.tw

中國大陸發行　零售：深圳心一堂文化傳播有限公司
深圳地址：深圳市羅湖區立新路六號羅湖商業大廈負一層〇〇八室
電話號碼：(86)0755-82224934

心一堂微店二維碼

心一堂淘寶店二維碼

心一堂術數古籍 珍本 整理 叢刊 總序

術數定義

術數，大概可謂以「推算（推演）、預測人（個人、群體、國家等）、事、物、自然現象、時間、空間方位等規律及氣數，並或通過種種『方術』，從而達致趨吉避凶或某種特定目的」之知識體系和方法。

術數類別

我國術數的內容類別，歷代不盡相同，例如《漢書・藝文志》中載，漢代術數有六類：天文、曆譜、五行、蓍龜、雜占、形法。至清代《四庫全書》，術數類則有：數學、占候、相宅相墓、占卜、命書、相書、陰陽五行、雜技術等，其他如《後漢書・方術部》、《藝文類聚・方術部》、《太平御覽・方術部》等，對於術數的分類，皆有差異。古代多把天文、曆譜、及部分數學均歸入術數類，而民間流行亦視傳統醫學作為術數的一環；此外，有些術數與宗教中的方術亦往往難以分開。現代民間則常將各種術數歸納為五大類別：命、卜、相、醫、山，通稱「五術」。

本叢刊在《四庫全書》的分類基礎上，將術數分為九大類別：占筮、星命、相術、堪輿、選擇、三式、讖諱、理數（陰陽五行）、雜術（其他）。而未收天文、曆譜、算術、宗教方術、醫學。

術數思想與發展——從術到學，乃至合道

我國術數是由上古的占星、卜筮、形法等術發展下來的。其中卜筮之術，是歷經夏商周三代而通過「龜卜、蓍筮」得出卜（筮）辭的一種預測（吉凶成敗）術，之後歸納並結集成書，此即現傳之《易

經》。經過春秋戰國至秦漢之際，受到當時諸子百家的影響、儒家的推崇，遂有《易傳》等的出現，原本是卜筮術書的《易經》，被提升及解讀成有包涵「天地之道（理）」之學。因此，《易・繫辭傳》曰：「易與天地準，故能彌綸天地之道。」

漢代以後，易學中的陰陽學說，與五行、九宮、干支、氣運、災變、律曆、卦氣、讖緯、天人感應說等相結合，形成易學中象數系統。而其他原與《易經》本來沒有關係的術數，如占星、形法、選擇，亦漸漸以易理（象數學說）為依歸。《四庫全書・易類小序》云：「術數之興，多在秦漢以後。要其旨，不出乎陰陽五行，生尅制化。實皆《易》之支派，傅以雜說耳。」至此，術數可謂已由「術」發展成「學」。

及至宋代，術數理論與理學中的河圖洛書、太極圖、邵雍先天之學及皇極經世等學說給合，通過術數以演繹理學中「天地中有一太極，萬物中各有一太極」（《朱子語類》）的思想。術數理論不單已發展至十分成熟，而且也從其學理中衍生一些新的方法或理論，如《梅花易數》、《河洛理數》等。

在傳統上，術數功能往往不止於僅僅作為趨吉避凶的方術，及「能彌綸天地之道」的學問，亦有其「修心養性」的功能，「與道合一」（修道）的內涵。《素問・上古天真論》：「上古之人，其知道者，法於陰陽，和於術數。」數之意義，不單是外在的算數、歷數、氣數，而是與理學中同等的「道」、「理」--心性的功能，北宋理氣家邵雍對此多有發揮：「聖人之心，是亦數也」、「萬化萬事生乎心」、「心為太極」。《觀物外篇》：「先天之學，心法也。……蓋天地萬物之理，盡在其中矣，心一而不分，則能應萬物。」反過來說，宋代的術數理論，受到當時理學、佛道及宋易影響，認為心性本質上是等同天地之太極。天地萬物氣數規律，能通過內觀自心而有所感知，即是內心也已具備有術數的推演及預測、感知能力；相傳是邵雍所創之《梅花易數》，便是在這樣的背景下誕生。

《易・文言傳》已有「積善之家，必有餘慶；積不善之家，必有餘殃」之說，至漢代流行的災變說及讖緯說，我國數千年來都認為天災，異常天象（自然現象），皆與一國或一地的施政者失德有關；下至家族、個人之盛衰，也都與一族一人之德行修養有關。因此，我國術數中除了吉凶盛衰理數之外，人心的德行修養，也是趨吉避凶的一個關鍵因素。

術數與宗教、修道

在這種思想之下，我國術數不單只是附屬於巫術或宗教行為的方術，又往往是一種宗教的修煉手段--通過術數，以知陰陽，乃至合陰陽（道）。「其知道者，法於陰陽，和於術數。」例如，「奇門遁甲」術中，即分為「術奇門」與「法奇門」兩大類。「法奇門」中有大量道教中符籙、手印、存想、內煉的內容，是道教內丹外法的一種重要外法修煉體系。甚至在雷法一系的修煉上，亦大量應用了術數內容。此外，相術、堪輿術中也有修煉望氣（氣的形狀、顏色）的方法；堪輿家除了選擇陰陽宅之吉凶外，也有道教中選擇適合修道環境（法、財、侶、地中的地）的方法，以至通過堪輿術觀察天地山川陰陽之氣，亦成為領悟陰陽金丹大道的一途。

易學體系以外的術數與的少數民族的術數

我國術數中，也有不用或不全用易理作為其理論依據的，如揚雄的《太玄》、司馬光的《潛虛》。也有一些占卜法、雜術不屬於《易經》系統，不過對後世影響較少而已。

外來宗教及少數民族中也有不少雖受漢文化影響（如陰陽、五行、二十八宿等學說。）但仍自成系統的術數，如古代的西夏、突厥、吐魯番等占卜及星占術，藏族中有多種藏傳佛教占卜術、苯教占卜術、擇吉術、推命術、相術等；北方少數民族有薩滿教占卜術；不少少數民族如水族、白族、布朗族、佤族、彝族、苗族等，皆有占雞（卦）草卜、雞蛋卜等術，納西族的占星術、占卜術，彝族畢摩的推命術、占卜術……等等，都是屬於《易經》體系以外的術數。相對上，外國傳入的術數以及其理論，對我國術數影響更大。

曆法、推步術與外來術數的影響

我國的術數與曆法的關係非常緊密。早期的術數中，很多是利用星宿或星宿組合的位置（如某星在某州或某宮某度）付予某種吉凶意義，并據之以推演，例如歲星（木星）、月將（某月太陽所躔之宮次）等。不過，由於不同的古代曆法推步的誤差及歲差的問題，若干年後，其術數所用之星辰的位置，已與真實星辰的位置不一樣了；此如歲星（木星），早期的曆法及術數以十二年為一周期（以應地支），與木星真實周期十一點八六年，每幾十年便錯一宮。後來術家又設一「太歲」的假想星體來解決，是歲星運行的相反，週期亦剛好是十二年。而術數中的神煞，很多即是根據太歲的位置而定。又如六壬術中的「月將」，原是立春節氣後太陽躔娵訾之次而稱作「登明亥將」，至宋代，因歲差的關係，要到雨水節氣後太陽才躔娵訾之次，當時沈括提出了修正，但明清時六壬術中「月將」仍然沿用宋代沈括修正的起法沒有再修正。

由於以真實星象周期的推步術是非常繁複，而且古代星象推步術本身亦有不少誤差，大多數術數除依曆書保留了太陽（節氣）、太陰（月相）的簡單宮次計算外，漸漸形成根據干支、日月等的各自起例，以起出其他具有不同含義的眾多假想星象及神煞系統。唐宋以後，我國絕大部分術數都主要沿用這一系統，也出現了不少完全脫離真實星象的術數，如《子平術》、《紫微斗數》、《鐵版神數》等。後來就連一些利用真實星辰位置的術數，如《七政四餘術》及選擇法中的《天星選擇》，也已與假想星象及神煞混合而使用了。

隨着古代外國曆（推步）、術數的傳入，如唐代傳入的印度曆法及術數，元代傳入的回回曆等，其中我國占星術便吸收了印度占星術中羅睺星、計都星等而形成四餘星，又通過阿拉伯占星術而吸收了其中來自希臘、巴比倫占星術的黃道十二宮、四大（四元素）學說（地、水、火、風），並與我國傳統的二十八宿、五行說、神煞系統並存而形成《七政四餘術》。此外，一些術數中的北斗星名，不用我國傳統的星名：天樞、天璇、天璣、天權、玉衡、開陽、搖光，而是使用來自印度梵文所譯的：貪狼、巨門、祿存、文曲，廉貞、武曲、破軍等，此明顯是受到唐代從印度傳入的曆法及占星術所影響。如星命術中的《紫微斗數》及堪輿術中的《撼龍經》等文獻中，其星皆用印度譯名。及至清初《時憲曆》，置閏之法則改用西法「定氣」。清代以後的術數，又作過不少的調整。

此外，我國相術中的面相術、手相術，唐宋之際受印度相術影響頗大，至民國初年，又通過翻譯歐西、日本的相術書籍而大量吸收歐西相術的內容，形成了現代我國坊間流行的新式相術。

陰陽學——術數在古代、官方管理及外國的影響

術數在古代社會中一直扮演着一個非常重要的角色，影響層面不單只是某一階層、某一職業、某一年齡的人，而是上自帝王，下至普通百姓，從出生到死亡，不論是生活上的小事如洗髮、出行等，大事如建房、入伙、出兵等，從個人、家族以至國家，從天文、氣象、地理到人事、軍事，從民俗、學術到宗教，都離不開術數的應用。我國最晚在唐代開始，已把以上術數之學，稱作陰陽（學），行術數者稱陰陽人。（敦煌文書、斯四三二七唐《師師漫語話》：「以下說陰陽人謾語話」，此說法後來傳入日本，今日本人稱行術數者為「陰陽師」）。一直到了清末，欽天監中負責陰陽術數的官員中，以及民間術數之士，仍名陰陽生。

古代政府的中欽天監（司天監），除了負責天文、曆法、輿地之外，亦精通其他如星占、選擇、堪輿等術數，除在皇室人員及朝庭中應用外，也定期頒行日書、修定術數，使民間對於天文、日曆用事吉凶及使用其他術數時，有所依從。

我國古代政府對官方及民間陰陽學及陰陽官員，從其內容、人員的選拔、培訓、認證、考核、律法監管等，都有制度。至明清兩代，其制度更為完善、嚴格。

宋代官學之中，課程中已有陰陽學及其考試的內容。（宋徽宗崇寧三年〔一一零四年〕崇寧算學令：「諸學生習……並曆算、三式、天文書。」「諸試……三式即射覆及預占三日陰陽風雨。天文即預

定一月或一季分野災祥，並以依經備草合問為通。」

金代司天臺，從民間「草澤人」（即民間習術數人士）考試選拔：「其試之制，以《宣明曆》試推步，及《婚書》、《地理新書》試合婚、安葬，並《易》筮法，六壬課、三命、五星之術。」（《金史》卷五十一．志第三十二．選舉一）

元代為進一步加強官方陰陽學對民間的影響、管理、控制及培育，除沿襲宋代、金代在司天監掌管陰陽學及中央的官學陰陽學課程之外，更在地方上增設陰陽學課程（《元史．選舉志一》：「世祖至元二十八年夏六月始置諸路陰陽學。」）地方上也設陰陽學教授員，培育及管轄地方陰陽人。（《元史．選舉志一》：「（元仁宗）延祐初，令陰陽人依儒醫例，於路、府、州設教授員，凡陰陽人皆管轄之，而上屬於太史焉。」）自此，民間的陰陽術士（陰陽人），被納入官方的管轄之下。

至明清兩代，陰陽學制度更為完善。中央欽天監掌管陰陽學，明代地方縣設陰陽學正術，各州設陰陽學典術，各縣設陰陽學訓術。陰陽人從地方陰陽學肆業或被選拔出來後，再送到欽天監考試。（《大明會典》卷二二三：「凡天下府州縣舉到陰陽人堪任正術等官者，俱從吏部送（欽天監），考中，送回選用；不中者發回原籍為民，原保官吏治罪。」）清代大致沿用明制，凡陰陽術數之流，悉歸中央欽天監及地方陰陽官員管理、培訓、認證。至今尚有「紹興府陰陽印」、「東光縣陰陽學記」等明代銅印，及某某縣某某之清代陰陽執照等傳世。

清代欽天監漏刻科對官員要求甚為嚴格。《大清會典》「國子監」規定：「凡算學之教，設肄業生。滿洲十有二人，蒙古、漢軍各六人，於各旗官學內考取。漢十有二人，於舉人、貢監生童內考取。附學生二十四人，由欽天監選送。教以天文演算法諸書，五年學業有成，舉人引見以欽天監博士用，貢監生童以天文生補用。」學生在官學肄業、貢監生肄業或考得舉人後，經過了五年對天文、算法、陰陽學的學習，其中精通陰陽術數者，會送往漏刻科。而在欽天監供職的官員，《大清會典則例》「欽天監」規定：「本監官生三年考核一次，術業精通者，保題升用。不及者，停其升轉，再加學習。如能黽勉供職，即予開復。仍不及者，降職一等，再令學習三年，能習熟者，准予開復，仍不能者，黜退。」除定期考核以定其升用降職外，《大清律例》中對陰陽術士不準確的推斷（妄言禍福）是要治罪的。《大清律例・一七八・術七・妄言禍福》：「凡陰陽術士，不許於大小文武官員之家妄言禍福，違者杖一百。其依經推算星命卜課，不在禁限。」大小文武官員延請的陰陽術士，自然是以欽天監漏刻科官員或地方陰陽官員為主。

官方陰陽學制度也影響鄰國如朝鮮、日本、越南等地，一直到了民國時期，鄰國仍然沿用着我國的多種術數。而我國的漢族術數，在古代甚至影響遍及西夏、突厥、吐蕃、阿拉伯、印度、東南亞諸國。

術數研究

術數在我國古代社會雖然影響深遠，「是傳統中國理念中的一門科學，從傳統的陰陽、五行、九宮、八卦、河圖、洛書等觀念作大自然的研究。……傳統中國的天文學、數學、煉丹術等，要到上世紀中葉始受世界學者肯定。可是，術數還未受到應得的注意。術數在傳統中國科技史、思想史，文化史、社會史，甚至軍事史都有一定的影響。……更進一步了解術數，我們將更能了解中國歷史的全貌。」（何丙郁《術數、天文與醫學中國科技史的新視野》，香港城市大學中國文化中心。）

可是術數至今一直不受正統學界所重視，加上術家藏秘自珍，又揚言天機不可洩漏，「（術數）乃吾國科學與哲學融貫而成一種學說，數千年來傳衍嬗變，或隱或現，全賴一二有心人為之繼續維繫，賴以不絕，其中確有學術上研究之價值，非徒癡人說夢，荒誕不經之謂也。其所以至今不能在科學中成立一種地位者，實有數因。蓋古代士大夫階級目醫卜星相為九流之學，多恥道之；而發明諸大師又故為惝恍迷離之辭，以待後人探索；間有一二賢者有所發明，亦秘莫如深，既恐洩天地之秘，復恐譏為旁門左道，始終不肯公開研究，成立一有系統說明之書籍，貽之後世。故居今日而欲研究此種學術，實一極困難之事。」（民國徐樂吾《子平真詮評註》，方重審序）

現存的術數古籍，除極少數是唐、宋、元的版本外，絕大多數是明、清兩代的版本。其內容也主要是明、清兩代流行的術數，唐宋或以前的術數及其書籍，大部分均已失傳，只能從史料記載、出土文獻、敦煌遺書中稍窺一鱗半爪。

術數版本

坊間術數古籍版本，大多是晚清書坊之翻刻本及民國書賈之重排本，其中豕亥魚魯，或任意增刪，往往文意全非，以至不能卒讀。現今不論是術數愛好者，還是民俗、史學、社會、文化、版本等學術研究者，要想得一常見術數書籍的善本、原版，已經非常困難，更遑論如稿本、鈔本、孤本等珍稀版本。在文獻不足及缺乏善本的情況下，要想對術數的源流、理法、及其影響，作全面深入的研究，幾不可能。

有見及此，本叢刊編校小組經多年努力及多方協助，在海內外搜羅了二十世紀六十年代以前漢文為主的術數類善本、珍本、鈔本、孤本、稿本、批校本等數百種，精選出其中最佳版本，分別輯入兩個系列：

一、心一堂術數古籍珍本叢刊

二、心一堂術數古籍整理叢刊

前者以最新數碼（數位）技術清理、修復珍本原本的版面，更正明顯的錯訛，部分善本更以原色彩色精印，務求更勝原本。并以每百多種珍本、一百二十冊為一輯，分輯出版，以饗讀者。

後者延請、稿約有關專家、學者，以善本、珍本等作底本，參以其他版本，古籍進行審定、校勘、注釋，務求打造一最善版本，方便現代人閱讀、理解、研究等之用。

限於編校小組的水平，版本選擇及考證、文字修正、提要內容等方面，恐有疏漏及舛誤之處，懇請方家不吝指正。

心一堂術數古籍 珍本 整理 叢刊編校小組

二零零九年七月序

二零一四年九月第三次修訂

天留館候星秘訣

校補天元選擇辨正

劉咸炘書

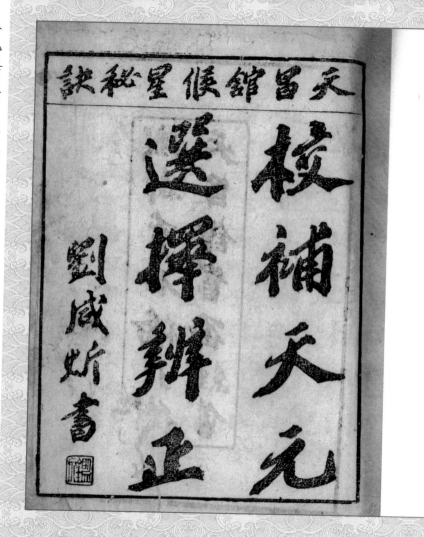

成都青石橋北街
天昌館書局經售

校補天元選擇辨正序
天學之難難莫難於今也天學之多又
多莫多於今也曷難乎難乎推步實測
之法竅每不易得以蔣大鴻撰地理辨
正之學識乎謂堪輿中出錚錚者矣而
作天元第五歌猶囫圇說法似知其理
而未知其數也謝絅癯天元選擇辨正

剿襲其說復訛甘氏天星秘竅之偽添
實出製造渾天寶照益出偽星瑣言七
政輯要曆添約編遂謬驪珠之在頷也
而造命式一卷即其生平偽星之大作
用試正以北極緯差百無一是今之從
事天學者猶奉為準繩靡然向風一圖
兮盤終身夢夢多故曰天學出難難莫

難於今也天學又曷易乎易乎推步實
測之門徑多友
王君元極令校補天元選擇辨正一書
特就初學指出導出凡謝氏誤會之說
莫不再辨而再正之每脫一稿輒爭多
參訂而惟恐疑難之不祛也予故曰天
學之易又易莫於今矣雖然予友楓天

學之難而矯之以務學者若即以務爲
務而挾此自小天學無由再進又必遷
誤管窺將比世之留心干支者猶不能
操吉凶禍福之左券也是爲序
時
大中華民國紀元之十有四年乙丑國
慶日　世愚弟周宗璞拜撰

刻校補天元選擇辨正跋

性天曩爲先君謀壽藏日隨青烏家登山涉嶺一望茫然乃萃先賢形勢書剪燭讀之更闌燼落弗輟也如是者有年先君卒卜葬求諸選吉咸曰不利然以所見證所讀率多牽强違於自然心竊疑之曰比比俗術也豈青烏之流亞歟讀禮之際急購理氣候星之書日夕研究有味乎蔣宗陽之地理辨正天元歌謝一園之天元選擇辨正也曰此能矯久殯不葬之弊吾先君其得歸土乎且按天元第五歌所發明渾天寶照候天星各節天元選擇之爲天元歌分解各卷試倣爲之平分天地兩盤經度貫線作緯令天盤旋轉能知某宿某

度於某時某刻光臨地盤某方位然似偏差不准未敢輕舉先君於三煞太歲之中大言抹煞云云心竊疑之曰一國儒學士也知理而不知數其假天元第五歌以作選擇辨正雖措辭圓融膾炙人口亦徒有辨正之名而無辨正之實其援古非今醜詆干支爲烏有尙不得爲蔣氏功臣也夫神莫大於日月妙用莫過於五星固天學至理明言而六甲周而復始自然互根河洛庸非不易鐵案彼挾儒生之見烏足以知之嘗考謝之自述謂尋得糠中之米沙中之金其無師承也明矣亦陋矣蔣之天元第五歌爲選擇開辨正之門徑究有幾人能升其堂而入其室也 性天心心抱歉負笈遠遊欲訪明師指示以恰生平所好而遂安親之願民國紀元之十有三年由犍爲至省門得聞華陽有天昌館者王子元極周子宗璞楊子天佑之所開創者也其以曆書見知於世不過選擇一途而形勢而理氣尤有妙合之秘訣焉 性天 以庸愚資質幸托門牆追隨杖履領略口講指畫均見所未見聞所未聞一洗諸家疑似之談而空之考諸生氣靈光罔不密合向之心竊疑之者至是不覺煥然冰釋也所以爲吾先君卜葬一事至此庶可無憾於心耳彼謝之作選擇辨正本欲明眞是而斥眞非不知所斥者非盡眞非所明者亦非盡眞是茲者吾師因辨不正而校補辨正仍將於不正之中還既正

是以姑存謝之選擇辨正也何則謝之辨正因不正而辨之吾師校補辨正因誤於辨正而辨正之於是辨正可以明誤於辨正而不正者亦可以明校補之作豈但有裨於謝氏而已哉蔣子有知亦將遜讓以爲不逮也嗟乎誰非人子誰無父母而顧以不正者遺害仁人孝子之不悟耶吾師前爲謝氏補辨正之法後爲人子杜不正之途當附棺讀禮必誠必信而擇術必精凡人皆有是責性天爨盡心力而訪習之者此也然校補者僅一書耳而所以濟此校補者更有一器吾師所製匾渾天儀乃候星第一妙品其爲儀也與古渾儀理同而數異創自西人利瑪竇於明季入中國歷清世迄今垂

三百載鮮有知之而造之者其經緯弧線諸妙詳見校補各條而揆日候星精光煥彩已驗之地平實測寶鑑篇云一曜之生自有一曜之殺必生收而殺去始鬼避而神迎得此器而縣縣入彀信不我欺以造以葬胥在天地之交之中天與地交地與人接人乘此機是謂化機其爲靈也何神如之古人傳書不傳訣無怪乎談理者茫茫宇內得訣者寥寥箇中今吾師之器傳書傳固不吝也而門人日繁不但抄書掣肘而亥豕魯魚之訛彼此懼亂眞焉同學諸友會商災梨用公同志性天適與其列即贊成之以爲此舉或亦韓子所謂以之爲己順而祥以之爲人愛而公者歟刻既成述其原起如

此

時

中華民國十五年秋七月旣望犍為周性天執中氏跋於古

嘉州凌雲佛寺之南窗

天元選擇辨正原序

華亭蔣中陽先生以鴻才博學為讖祕所推重國初假青烏術自晦著書百餘種有天元歌數章其第五章本楊公造命之法專以寶照候天星掃盡支離荒誕之說而歸諸切實簡明詞約而義賅理精而法經選擇諸書未有如此醇正者顧其書雖存而世俗拘於干支或於神煞鮮能知之即或知之而亦未能用之一圓謝翁余同學老友也博通羣籍貫串百家所作詩古文詞傳播士林久已膾炙人口學者稱鄉癯先生性嗜山水因旁涉堪輿家言博訪多方得是書而深契於心珍為鴻寶研習者有年因為之逐節解釋並著渾天寶照

圖說而於天星秘竅中取其是而汰其非更繼以七政輯要曆法約編候星瑣言復摘取日知錄十數條以破當世之惑而終之以造命式書凡八卷雖體製不一徵引繁多要皆根據經史以發明蔣書之意而總名之曰選擇辨正辱以示余余讀之而嘆其識之卓學之精議論之明通而正大也蓋自漢唐以來術士造爲神煞以紿戎狄後世因之沿譌踵謬遞相師傳拘忌愈多選擇愈難非獨庸愚爲所欺即賢智亦不免焉誠如先生所云閻浮界中一大疑團也得是書而辨正之如冰消霧解渙然豁然不又爲閻浮界中一大快事乎然則蔣氏此書固爲楊公之嫡派而先生之表揚此書詎不可謂蔣氏之功臣乎先生之門人羣謀付梓以公諸世先生猶若有歉然於心者余曰曷歉乎爾曰篇中多過激語恐因之以取咎余曰噫嘻當世之昏聵久矣非大聲疾呼何以醒習俗之痼疾深矣非重劑醫治何以愈先生於妄誕不經之說痛斥而力闢之非憤世也欲救世也正如喝當頭之棒而使迷者醒下頂門之鍼而使病者愈其造福於天下後世大矣知我罪我孔子不嘗言之乎雖激焉庸何傷先生笑而頷之遂書以弁諸簡

編同學愚弟何袞拜撰

校補天元選擇辨正例言

一天元選擇辨正本資中謝鄉瓏所輯其書祖述蔣子天元第五歌發明天星選擇之用說理頗長而於推步之數實測之器則甚短也本館是以有此校補之作

一謝氏原書本經參史文辭極工雖短於推步實測亦爲文辭所掩非工於數工於器者未易窺其破綻也本館逐條校補文固不及謝氏之工而推步實測庶足有以勝之

一北極爲天樞紐凡日月星辰之出沒到方掩食凌犯以及寒暑之進退晝夜之永短莫不視北極高下以定之

謝氏原書未識北極之用所以措辭極工亦不啻隔靴搔癢也

一太陽而外太陰五星以及諸天恒星皆有經緯可辨謝氏平盤用經不能用緯且無北極視差此其所以不能候星得准也本館逐年推步之曆注明太陰五星南北緯度所售區渾天儀亦隨所在北極定其偏差而儀器之緯度尺尤其最扼要者也其恒星經緯表俟續刊

一謝氏宗蔣欲推重天星而惟恐人不信從遂極醜詆干支爲烏有究之天星未獲通行干支亦未嘗抹煞也本館以推步實測發明天星秘傳而於干支之眞者亦仍存而不廢務使學者天星干支雙方妙用不致有矯枉過正之弊庶得選擇三昧云云（干支選擇辨正俟續刊）

一諸家通用四餘而本館獨以四餘爲僞除辨僞文外每於謝氏原本四餘下小註四餘已辨勿用注意喚醒時俗不以重複爲嫌

一謝氏原訂凡八卷茲爲校補逐一承其舊例惟增刻末卷備載天星切要各圖表皆原書之所未有者天星選擇舍此葢無捷徑也

一是編僅言選擇而堪輿要旨乃先形勢次理氣選擇其殿後者也除形勢不待發明外本館著有讀地理辨正

指南揭出三元眞諦然必因人而傳不敢冒禁刊板

一校補是書原爲本館門人說法未敢遽以問世也乃學友輩羣謀付梓以免傳寫之勞遂勉循其意惟恐理數精微辨駁未當而語多過激尤冀 高明鑒原特賜斧正本館同人不勝候教之至

天昌館 天昌館王元極識

校補天元選擇辨正目錄

校補天元選擇辨正卷之一

王元極校補
資中謝鄉癯一圃氏輯　華陽天昌館周宗璞參訂
天元歌　蔣平階大鴻著　楊天佑繪圖

天元選擇章。即劉𦒎新論所謂敬順昊天曆象日月星辰。範三光之度。隨四時之運。知五行之性。通八風之情。以厚生民。以輔政治者也。特輯之以正術數禁忌之謬。前四章則不贅從選擇也。

地利天時古聖言。堪輿二字義相連。溷說江南無大地。但取

年月日時利眞龍大地遍江南也要天時一力添初年禍福

天時驗歲八方知地有權

此節言天時雖不及地氣亦司初年禍福故二者當兼重。天時者天星照臨之時也言此時天上吉星適照地下此山炫彩流光毓成佳氣一切內外吉凶諸事動作咸吉故唐書言詩人記婚禮土功必候天星。如三星在天定之方中是也。此聖人因天定制絕大作用即為萬世選擇家立一無上等法【校補】此注比原本刪去一十八字。周語言武王伐殷月在房駟日在析木之津辰在斗柄星在天黿謂日月星辰會成吉局適照周營即乘此時出師故謂之天時後世誤以日辰之甲子訓天時堪輿家遂混入干支不知有

天時說文堪為天道輿為地道韻會堪輿天地總名也古以堪輿二字稱造葬之術其義可知

【校補】天星固天時也干支亦未嘗不應天時也呂覽月令巳有其日甲乙其日丙丁之例而淮南子天文訓以五子氣互察災祥如言壬午冬至甲子受制木用事火煙青丙子干甲子蟄蟲早出故雷早行之類尤歷歷可徵必謂干支不應天時豈通論哉即考近時如民國元年南京內務部所頒曆書及民國四年以來觀象臺曆書亦嘗並載值宿五行而南京之書尤兼記黃黑道日可見干支宜忌自有當在保存之例者雖參議院於民國元年已經議決編

曆第四條宜將吉凶神宿一律刪除而後之編曆者亦未
能刪除淨盡也本館前出選擇辨眞曆書民國十三年初出板天星
干支雙方致用撰有弁言抄附如左
選擇家或習干支而昧天星或候天星而闕干支二者均
非中道嘗考干支之法據河洛以推演乃深究乎陰陽五
行之氣者也天星之法分宮度以測量乃仰觀乎日月五
緯之象者也會而通之日月五緯之象即陰陽五行之象
陰陽五行之氣亦即日月五緯之氣不過象有定而氣無
定遂覺分而爲二耳其實氣以理而可憑亦猶象以數而
可測是必識此隱顯之互根乃能得吉凶之把柄不然單
重干支月令何以昏中旦中迭詳單重天星曲禮何其剛
日柔日有辨足見殊途同歸不必爭立門戸大道一貫切
宜考究淵源本館同人有鑒於此步七政而經緯不淆曆
象排六甲而宜忌悉遵憲書術通弧角恩用必取照臨局
會叢辰吉凶自昭趨避用以辨月而大小有定漫懷失朔
之憂用以授時而節氣無差自致欽天之福世有耩於此
道者當不以爲摸稜云

諸家尅擇最紛紜拘執多端誤煞人此家言吉彼家凶對盡
諸書總不同五載三年斸一吉萬般福耀總成空古來天子
七月葬士庶逾月禮不曠年月何曾有廢興日時未許論孤

旺春秋葬日滿經書但辨剛柔內外宜禪竈梓愼俱博物豈
昧陰陽誤萬機諸家選擇最荒唐斗首元辰失主張奇遁演
禽皆倒亂不經神授漫猜詳

此節歷辨諸家選擇之非

唐書呂才傳貞觀初上病陰陽家所傳書多謬僞淺惡命
才刪落煩訛掇其可用者爲五十三篇其葬篇曰按禮王
者七日而殯七月而葬諸侯五日而殯五月而葬大夫三
月士庶逾月是古人不擇年月也春秋九月丁巳葬定公
雨不克葬戊午日下昃乃克葬是不擇日也鄭葬簡公司
墓之室當路毀之則朝而窆不毀則日中而窆子產不毀

是不擇時也【校補】自葬篇曰以下至此皆按五種秘竅言
選擇款內三百餘家惟楊公選用天星照臨坐向之法極
爲得理其餘種種神煞皆杳無根據通不足信要即劉勰
新論所斥爲薄者也世之業此者輪掌飛宮久無葬日致
死者淺殯空山風侵雨蝕不得以入土爲安百節成枯九
原抱恨豈故爲其薄哉鬼神時日之說惑之也

【校補】世有拘執干支至五載三年乃擇一吉者固俗術誤
人之甚者也正宜大聲疾呼以痛斥之若引古人葬事之
見於經傳者以爲不擇年月日時之證然禮有云卜葬先
遠日又何說乎且有剛柔內外之辨亦即後世干支擇吉

之先導耳。細玩蔣子之闢斗首元辰奇遁演禽也。而以失主張皆倒亂譏之且曰不經神授漫猜詳是其意亦未嘗抹煞干支於烏有也。

世人尅擇重干支生命亡命苦相持。[校補 尅擇未嘗不可重干支但當重在成格成局之例。不可拘拘以生命亡命苦持之若因俗術之單問冲尅而遂抹煞干支於烏有是因噎而廢食也即深知天星亦有偏執之弊。]致使子孫冲犯衆多年不葬孝心違。豈知死者已無命反氣入地爲復命復命能回造化權死者命從生者定古有仙人造命訣不是干支子平法。[校補 天星造命。固不是干支子平法也。而干支造命又必以子平之法爲正宗。乃俗術空排四柱不問命宮是貌似子平而未得子平之嫡派也無怪以爲不驗而欲掃去之本館曆書有新發明干支立命表茲不贅]渾天寶照候天星此是楊公親口訣不

忌三煞太歲神。陰符空亡俱抹煞。年尅命壓有何妨。退氣金神皆亂法。天元一卷烏兎經。留與人間作寶筏。[校補 眞知天星者本不忌三煞太歲諸煞。古人擇日不擇年月。職是故耳。後世鮮知天星於是神煞之說日滋訛謬此蔣子所以痛斥之也。]

此節言重天星可廢一切神煞拘忌之弊。

渾天寶照候星之器也。有天地兩盤。中以線貫作紐。令天盤得旋轉運動。地盤具二十四山。其十二支即一日十二時。天盤繪三垣列宿諸星。外圍祈十二宮並周天度數。用時按宮曆認定七政四餘坐度。將天盤逐時旋轉。看日月五星某時轉到地盤某山。合格成局。則天上日月五星之精光。亦恰照到地下此山。即檢此時用之。俾死者禀受陽

光復生吉命。一切神煞。總屬荒唐。縱墟墓之間。積陰所伏。得陽光燭照。立就消除。此楊公天上星辰照地支舊法也。

校補 按蔣子所謂渾天寶照。非眞渾儀也。乃俗術所傳之平盤耳。讀下文有日月五星大象同。一時八刻一移宮。二十八宿七政明。論宮論度要平分各節。可以知其的係平盤。無怪謝注援五種秘竅之平盤以解之。其法不問所在北極出地。死執以爲全球皆同。殊不知懸象著明。彼地與此地。只須北極高低一度。則數有偏差。勢難通用。所以不明弧角八線。萬不可妄作解人。謝氏以書生習見。知理而不知數。連篇累牘。總爲平盤所囿。是操術不精。徒肆空虛

棒喝。欲救世而反有以誤世也。豈不惜哉。本舘有鑒於此。謹以匾渾天儀易之。古名渾蓋通憲儀用以仰觀實測自與所在地平。絲絲入彀。其製傳自西人利瑪竇於明季入中國。迄今已三百年矣。而知者卒鮮。實由平盤中人腦筋。俗術每不深究。間有得訣之士。又以金科玉律秘之。本舘不忍再私。校補以公同好。固不敢謂楊公之渾天寶照即此匾渾天儀也。不過因俗傳渾天寶照之不適於用。而不得不求一適用者以代之耳。匾渾天儀亦分天地兩盤。與平盤意同而法異。平盤天地皆平分也。而匾渾天儀之天盤。係黃赤同升度。隨各地平北極高度。有偏差不同。其地盤有安

命十二宮橘瓤曲線。是爲靜盤有七政到二十四方弧線。是爲動盤亦隨各地平北極高度而盈縮特別此其所以妙於平盤之大略也。匾渾天儀圖。詳後第三卷。

推原天地混沌成。惟有日月是眞精。金烏玉兎本一物。五星四炁從此生。人生稟受太陽氣。萬物皆是陰陽萌。聖人觀象演曆法。干支甲子作天經。五行俱是陽中氣。神煞何曾別有名。只將日月司元化。萬象森羅在此心。

此節言造命天星以日月爲主。

神煞者二氣之靈也。天地間無處無氣。卽無處無鬼神。日月星辰。風雲雷雨。天之氣卽天之神。宰之者惟理。天理備於人事。天心視乎人心。一念合理。百神歸向。一念背理。羣鬼揶揄。陟降鑒觀。屋漏指視。何在非神。亦何在非煞。天地之神。莫大乎日月。陰陽之用。莫妙於五星。造命法卽候其會成吉局。到山照穴。俾死者藉此精氣。以反元陽。絕不拘執干支。以論五行。以談生尅。以推神煞。孫景堂寶鑑篇云。後裔光宗歸功於陰地。亡人復命取效於陽星。故擇日不重干支。而選時必歸星象也。

【校補】眞知天星。可以不拘干支。若天星未求密合。而遽將干支抹倒。則課吉而應凶者有之矣。此道中人。尚其愼諸。

世間萬物各有命。不但生人。男女定造。物製器。可同推。修造葬埋咸取證。日月五星大象同。一時八刻一移宮。【校補】按此二句的是平盤僞法造命玄機時作主。毫厘千里不相通。

此節言萬事萬物各有命。而其機在時。命即天道之流行而賦於物者陰陽也。五行也。流行者也。天以此流行者賦物。物稟此流行者爲命。不但生人生物有命。即造物製器。修造葬埋。亦莫不有命。命者何。即此時此刻所感於陰陽五行之氣也。白虎通五行者五星也。行者言其爲天行氣也。劉熙釋名五行者五氣也。五星各具一氣。於其方各施行也。日月五星陰陽五行之氣之精也。古人擇吉。即候其在何宮度。成何格局。到何山方。精氣成彩。靈光吐芒。乘此良時。用以造葬。故曰造命也。

【校補】天星選擇。必分動靜兩盤。乃足以盡造命之實。謝注到方諸法。合全部觀之。只得一動盤也。所謂靜盤。即星家推命法。蔣子既言世間萬物各有命。不但生人男女定造物製器可同推。修造葬埋咸取證。是必先論靜盤。如推人男女生命之法。然後再以動盤求到方也。不然。造命不立命。命又何自而造乎。若云但取到方。即爲造命。試問星家推命。不究到方。已有尅驗如神者。造命推命。同一理也。欲取到方兼論立命。豈不高上一乘。蔣歌之意。渾含不泄。謝氏昧於命度。遂囫圇抹過。只以到方解之。且所解到方。尚非眞到。又何立命之能解哉。立命之理。蓋由東方黃道出地。實秉造化權衡。即易所謂出震之帝也。然出震之宮易取。出震之度難求。當天學未昌時。原躔立法。僅以遇卯安命之法括之。（北極過三十度五十二分之地。太陽有時出寅出辰。即遇寅辰安命。四川省城則只出卯）也。古星命書。大略如是。而選擇俗本。又有誤執死從西去之說。以為葬事宜遇酉安命者。是不得其眞。甯以不用為苟簡可也。今則能按各地平北極出地。以弧三角術求出立命眞度。井十二宮各線。（四川省城立命眞度表詳末卷）或就各地製造匾渾天儀以測之。尤為直切簡當。所謂黃道天命之源。至此溯盡無餘矣。若猶拘守陋習。終為謝注所囿。是必不善讀蔣子者也。縱談造命。舌底生蓮。總不得其全體。又何福應之可必耶。

附靜盤用法

中法命盤十二宮。原主平分。今用西法。十二宮皆由弧角算定。所謂十二宮者。一命宮。二財帛。三兄弟。四田宅。五男女。六奴僕。七妻妾。八疾厄。九遷移。十官祿。十一福德。十二相貌是也。凡恩用日月在命宮為守照。七宮為對照。九宮五宮為三合照。二宮十二宮為夾照。八宮六宮為拱照。十宮為天頂照。一七四十宮成十字照。為橫天交炁。有時諸星參錯。不能如此成局。亦須避得難忌。乃別求動盤而用之。其有不論方位諸事。又舍靜盤不能用天星選擇。可見動靜兩盤可互用亦可分用。其互用也以兩得爲上。得一者次之若兩失則非所課矣。

吳氏大用論十二宮强弱。以十宮乃天頂最高爲最强。十二宮爲黃道斜升十一宮爲黃道正升。皆有力。九宮爲赤道斜降强中差弱。八宮爲赤道降下最弱。六宮已降。四宮地底。以及五宮三宮弱而又弱。二宮將升弱中差强。凡吉星宜居强地。凶星宜居弱地。吉星宜取守照對照三合拱夾頂絡及在天頂爲妙。凶星落居閒地及入地平下。均無害於吉。

先將晝夜別陰陽。晝夜晨昏出沒詳。十二宮中三十度。大約六度是分疆。盈縮授時毫末細。量天廣尺未能量。校補量天尺詳末卷

此節言用日月宜詳晝夜出沒。

渾天說天度三百六十半覆地上。半在地下。地下即西北正北東北之地下。卯酉爲日月門戶七政之行恒自東而南而西。即入於地而不見。校補按此當別主地球自轉之說爲是 故風水一書論太陽夏自卯乙至庚酉十三山。冬自乙辰至申庚十一山俱從晝論用坐下之時。則太陽到山。冬自酉辛至甲卯十三山夏自辛戌至寅甲十一山俱從夜論用向上之時。則太陽到向。卯酉二山春分後山向俱到。秋分後山向俱不到。此晝夜之辨即冬夏盈縮之分。

校補取太陽到山到向。各節各地時刻不同。即以四川省城論。四川省城太陽到方表詳末卷。即動盤到方之實測時刻也。若以區渾天儀求之。并太陰五星之到方。亦能得其定眞時刻。法至簡切。毋勞步算。神妙不可名言。夏至前後。寅甲辛戌俱可取太陽到山。寅戌二山只能取照三分之一。冬至前後。則只辰申二山可到。不能到乙到庚。驗此則知風水一書之說。僅就所居地平言之。不謂各地平皆然也。至於太陽出入時刻。亦隨各節各地不同。曆書所詳。亦只詳其省城所見。不能遍及所屬。四川省城太陽出入時刻晝夜永短表詳末卷惟按所在北極出地。造作區渾天儀以測之。則逐節逐日太陽出入。可以得其眞時。而太陰五星之出入時刻。一並可以測之。法用儀器檢定太陰五星實行經緯度。旋至東地平一宮之線。即爲出地。旋至西地平七宮之線。即爲入地。隨視太陽經度所臨之時刻。即太陰五星出入之定眞時刻也。

二十八宿七政明。論宮論度要平分。校補二十八宿宮度平分。實係平盤作法。不可奉爲典要。深則論宮淺論度。一分一秒不容情。命入躔宮變五炁。日月隨命分五行。五曜四餘扶日月。生尅衰旺準天稱。最取用星爲福曜。有恩有用作干城。用若專權爲上格。忌星一雜福斯輕。

此節言十二宮分度躔命五行而歸重於恩用。

用星即下節所云冬用火羅。夏用水孛。春用金土。秋用木七政見於舜典。其來最古。而四餘則非古也。考唐九執曆瞿曇悉達撰始有羅睺計都兩餘。後周王朴曾以番僧妖說詆之。所以元授時曆尚置而不用。至明大統曆與回回曆並行。乃益以紫烝月孛爲四餘。於是混入七政之列。前清曆象攷成上編。已謂紫烝無憑起算而去之。其取正交爲計都。正交之對冲中交也爲羅睺。固有均數而取最高爲月孛。則止平行而已。考成後編。始改推最高實行爲月孛。而正交之均數亦大有更張。較前似種種精密。本館猶有所疑者。以其有度無星。不過推太陰之用數耳。謂爲有氣而候之無星不可候也。而氣又何自而來。謂爲有度即有氣也。

烝謂四時所用之星。故日用星生用之星爲恩。春之火羅。夏之金旱。秋之水孛。冬之木烝。皆是當令極旺之星爲難。春木夏火秋金冬水即難也。恩用宜取到山到向到方。難則宜避。有制尅恩用之星不能避去者。通謂之忌。孫景堂寶鑑篇。水火福澤之基。宜分冬夏。金木德刑之本。務判春秋。水輔陽光。冬令無立錐之地。火隨日影。夏時有回祿之災。歲星所在爲禎。當春生則反爲告。太白所臨爲德。若秋殺則轉爲刑。集中引寶鑑篇。多與坊本小異。從靈犀改本也。

校補 四餘之僞。本館選擇辨眞曆書已闢。勿用。所有辨文抄附如左。

推太陰而求太陽之最高。又豈無度乎。且土木火金水各有最高行。土木火又各有正交行。未嘗以其有度而指爲有氣。獨於太陰用數而曰羅睺曰計都曰月孛。立法亦甚不倫也。即有四餘。月孛水餘也。宜生於水。羅睺火餘也。宜生於火。計都土餘也。宜生於土。顧不出此。而概屬之太陰孛以月名。月亦水精生於月。猶可說也。而羅計以天首天尾分火土。牽强亦何甚歟。推曆者自遵考成以來。本無紫炁。數每以四餘不備。別求已刪之法。補入之。是紫炁之去取由人也。而月孛羅計亦可知矣。即謂月孛羅計爲太陰用數。與紫炁本有不同。第存爲太陰曆法可也。又何必强立星名。强安宿鈐。以淆七政之妙用哉。況以考成後編與上編並推。得數所差甚遠。如民國十三年甲子陰曆正月朔日後編推得月孛五宮〇〇度〢〩分〢〩秒。計都八宮〇二度〇〤分〢〇秒。羅睺二宮〇二度〇〤分〢〇秒。如無後編而仍用上編數則推得月孛〇〤宮〢〥度〤〤分〥一秒。計都八宮〇三度〡〤分〇〩秒。羅睺二宮〇三度〡〤分〇〩秒。是未出後編以前所用實非眞度。而星家俗學謂用之實有奇驗。果何以爲奇驗也歟。而既有後編。雖至精至密。亦終是太陰用數。並無星象可觀。本舘故不用之。敢以質之邃於天學者。用曜一星落何處。陽時陰候分邊際。冬夏二至陰陽極。春秋兩分是平氣平氣陰陽用可兼猶看晝夜與宮垣略過平氣陰陽別當極之時福力專陽令惟用金孛水陰令惟用羅與火秋木獨宜水兼孛春土火羅金計土春在分後須陰助秋在分後宜陽輔

此節論四時恩用正法

四時之氣春夏為陽秋冬為陰夏令陽極之時水孛為用金為恩冬令陰極之時火羅為用本炁為恩秋用木炁水孛為恩春則分前用土火羅為恩分後用金土計為恩春分後陽氣日盛宜助以水秋分後陰氣日盛宜輔以火二分平氣則兼用水火用星與時令相背者正其調元化燮陰陽奪神功改天命之絕妙作用也陽令金流石爍火氣偏勝必藉水以滋之陰令地凍天寒水氣偏勝必藉火以溫之而後二氣得其平五行適其用秋之用木春之用土用金莫非此意即大易既濟歸昧之象也故曰識得五行顛倒顛便是大羅仙歌中明明作天仙化人語其如凡胎俗骨多不能化何

校補 四時恩用原注已詳惟夾四餘之僞當依本舘辨文掃而勿用為是若論五星陰陽以土木火為陽金水為陰此實諸家通論然中西星要又以水星同陽為陽同陰為陰與諸家特別亦不可不知又俗術不辨時令陰陽有死

孰金水木爲吉火土爲凶者有宗星盤五行視命宮以定
恩用難忌者皆僞法也經曰陰陽相見福祿允貞陰陽相
乘禍咎踵門參遜此旨則凡陰陽家言孰僞孰眞一見瞭
如指掌

宮辰星體兩兼收度前度後要深求尤向五星探伏現逆來
順去並遲留三方合照緊相隨同宮隔宮一例推拱夾有情
權力大日月交受格尤奇

此節言恩用諸格正變之法

星家喜談格局此以拱夾合三格盡之如冬令作午山天
盤火星到地盤午方木星到寅紫炁到戌是恩星與福星
三合爲三方合照若木星在丙紫炁在丁爲同宮夾照若
木在巳炁在未木在辰炁在申爲隔宮夾照恩用到午爲
坐照在子爲對照若在丑亥兩宮即爲拱照或在卯酉則
爲橫天交氣二十四山倣此既取恩用照山又得太陰太
陽或對或坐或拱夾合照其格尤奇惺庵雜記言蔣公十
月作子山本日太陽氐四度太陰井十四度火星斗十度
羅星胃二度用辰時正初刻火星到寅羅星到戌隔一宮
夾照子山太陽到辰太陰到申又三合照山故吉此即書
所謂天休也以征誅之鉅猶必俟此則造葬之足以發福
可知已

校補此論動盤取照各種格局固得候星要法惟兼用四餘有度無星難與七政湊合成局如謂火星到午木星到寅紫炁到戌爲三方合照火木皆有光也而紫炁無星自是無光安得與火木成局舉凡兼用四餘皆有此種貽誤本舘刪去四餘只用七政則所候皆有星光且不因四餘之爲難爲忌而有失吉課也璇璣玉衡之古制庶乎有以復之若引蔣子十月作子山一課係用平盤以爲合局校以區渾天儀則所差遠甚謹按華亭北極高三十一度太陽氐四度用辰正初刻固到辰方而井十四度之太陰(經度未詳)已過申越庚到酉矣烏得指爲三合照子山又火星斗十度(緯度未詳)過寅越甲已到卯(未出地平)無論胃二之羅睺無星不可用即可用而孤行到戌亦非隔宮夾照之局也

身當旺令不須恩但憑用曜作根源平令獨恩難發達衰時有用尙無慾以恩爲用眞至寶以難爲用多起倒以恩爲忌壽而貧以難爲忌身不保

此節論恩用離合之法

恩用難忌四字久爲俗註誤解如以子丑二宮屬土火爲恩金爲用木爲忌水爲難寅亥二宮屬木水爲恩火爲用金爲忌土爲難十二宮皆做此例是本之六合五行也不知六合者以日躔月建之辰次言之月建在子日躔在丑

月建在丑日躔在子建寅則在亥建亥則在寅日躔所在合朔因之故曰子丑合寅亥合並卯戌辰酉巳申午未謂之六合十二宮書土木火金水字樣者躔建之暗號也午未書日月者明其爲日躔月建言之也【校補】此見蔣子經盤故有星盤五行名之術家以五行傅會之既屬之天盤十二宮又屬之地盤十二山并屬之人生十二命謬以踵謬訛以承訛宜其用之不靈轉咎干支神煞作梗也

【校補】俗術傅會六合五行種種訛謬誠如原注所駁但六合五行雖不可用而六合又不可不用也干支選擇六合日爲上吉日久爲時憲所載安得以不適天星而去之

本宮端的管初年宮若不純須舍旃必取宮身俱妙合長安花滿任揚鞭

此節言宮身並重之法

舊說日月五星行十二宮有得地不得地寶鑑篇云紫微奎宿顯秀絕倫少微文昌英明邁俗逢木火於天市金穴齊誇會金水於太微玉堂競美月華昴畢水火流瓜瓞之綿綿日宿心房木炁兆簪纓之濟濟劉蕡下第橫遭中土之鋒莊子鼓盆坐受酉金之制倘用星得地雖水浮魯境抱北海之鴻才若吉曜相隨縱木打寶瓶等商山之上壽寶鑑篇於天元妙理固多所發明此段微涉星家推命語尚非造命眞詮此其大略也法看天

盤此時此刻日月五星在何宮何度拱夾合照以取之乘此活潑陰陽最能鍾靈毓秀按原注改正者與舊本小異【校補】自此其大畧也以下係

【校補】選擇之欲造命也必如星家推命法以安准命度而後再求到方寶鑑篇重到方并重安命原注引紫微垒宿一節不惟未窺全豹而反詆其微涉星家推命語倘非造命眞詮所見抑何淺歟愚按蔣子必取宮身俱妙合之旨即含有動靜兩盤法也不過其時習囿平盤不知區渾天儀作法倘有不如近世之了了者耳

就中暗曜最難知空地翻成實地司寅戌兩宮光在午亥丑二曜子中依更有橫天交氣法寅申有曜亥中恩巳丑卯宮亥未酉短長多寡度中移

此節論暗曜變格並交氣法

暗曜以他宮之星暗照本宮也如午宮無星寅戌兩宮有吉星其光照合午宮子宮無星亥丑兩宮有吉星其光即夾照子宮若亥宮坐穴寅申二宮有吉星分居即橫天交氣貫注亥宮卯宮坐穴巳丑兩宮有吉星酉宮坐穴亥未兩宮有吉星俱隔一宮夾照在向上兩旁者俱爲拱照餘倣此如蔣子十月作子山一局坐向皆空惟火羅在寅戌夾照日月在辰申合照空地翻成實地即暗曜也

【校補】暗曜變格並交氣法誠如所注惟引蔣子十月作子

山一局實爲平盤所誤已辨於前不再贅。

果老星宗此的傳星書卷卷失眞詮諸般格局皆虛假升殿

入垣莫挂牽。

此節星書諸格之謬。

升殿入垣術數謬法也升殿謂天盤角一度與地盤角一度相對入垣謂行到本宮如角亢到辰氐房心到卯之類。按演禽法以角亢屬辰氐房心屬卯此當是漢時天象以歲差考之堯時亢在巳房心在辰今則亢在卯房心在寅

校補 氐在較漢時已差半次較堯時且差兩宮是列宿在卯寅之間。天本無定處安得死執漢時天象以爲列宿本宮乎即使此爲本宮亦係在天之辰宮卯宮與地之辰方卯方無涉又安得以天上辰宮卯宮之舊宿行到地之辰方卯方爲入垣而吉乎此理之必不可通也升殿之謬畧與此同

校補 七政見於舜典其法遺來已古果老乃神仙家見於唐時以候星的傳託爲果老星宗是不雅馴之至也況世傳果老五行即星盤五行僞法此節欲辨星書諸格之謬反言果老星宗此的傳雖意在承上起下亦不免有語弊

月逢晦朔皆爲福何必蟾光三五圓但忌陰陽相薄蝕七日

之內勿爭先太白晝現經天日難忌洪災恩大權

此節論晦朔薄蝕經天宜忌

星家皆以日月同宮爲吉又以月光盡晦時不宜用月不知月光盡晦時正日月同宮時月雖無光月固無恙故亦能爲福惟日月薄蝕及前後各三日皆不宜用寶鑑篇此時日食偶逢會見蒸嘗莫保若值蟾光被掩佇看煢獨亡家故日月食時百事不宜惟理名隱迹脫難潛逃則宜用此若太白晝現及經天逆行是氣之偏而過於盛者也爲用爲恩權力極大爲難爲忌禍不可言五星退逆皆然不獨太白也其退也其進也曆家以五星之進爲退五星自以曆家之退爲進也

校補 遇日月交食舊傳前後各三日內百事不宜未免拘忌過甚按初虧之前日月有明也復圓以後日月亦有明也於理只忌初虧以至復圓若干時刻須由本地經緯算定之本館曆書過交食前後各忌一日之例蓋從俗也

日魂月魄命之根五德五星應五倫掌握乾坤惟此理璇璣經緯治斯民劉公昔日精天象建國行師掃大荒無奈曆官多失學增添宜忌漫乎章 **校補** 俗術增添宜忌不得歸咎曆官梅勿菴曆學疑問有云今官曆宜忌本於選擇曆書不知其爲元時所定明時所定然官曆雖頒宜忌而民間偏惑通書既非一種而術者私書更多雖戶說不能止也以妙論天元秘寶今朝啟留與義和佐盛唐

此節推原造命法本於天官

校補 明史劉基字伯溫博通經史於書無不窺初在元時

得天文書於燕市。一夕而誦其言。已爲高安丞。進賢鄧祥甫精象緯學。盡以其術授之。愈洞其要。遂佐太祖定天下以功封誠意伯。賜歸老於鄉。帝嘗手書問天象。基條答甚悉。而焚其草。及將卒。以天文書授子璉。上之。曰毋令後人習也。而世所傳爲神奇。多風角陰陽之說。究非其至。其爲太史令時。上有戊申大統曆。終明世行之。無奈俗術增添宜忌。日久滋訛。故蔣子特著此歌。以啟天元秘寶。學者苟精其義。將參贊化育。燮理陰陽。不惟步武劉公。行與羲和比烈矣。篇終極言天元大作用。豈僅選擇造葬焉。其原注所引史事不實。毋庸備錄。

雲陽五曲號天元。雖屬人爲實至言。普願智愚咸領悟。故將俚句廣流傳。一句一聯包數義。通之便是地行仙。其中奧旨須尋味。愼勿差訛累後賢。

此節總結五章【校補】按此總結原歌五章。不爲選擇一章言之也。天元選擇辨正只采選擇一章。仍以此結殿之。必須注明。乃免總結五章四字有迷閱者之目。

近日造葬家漸識干支神煞之謬。競用天星。將七政四餘按宮曆書於縱橫界畫之十二宮。視命宮所在取吉星照之。此星家推命法也。【校補】星家推命選擇造命宮同一理。已辨於前。自知與所作之山無涉。遂於所作之山之宮取之。作午山即取午宮。不知山在地。宮在天。天之午非地之午。天包地外。旋轉不已。

所取天上午宮之星。仍與地下所作之午山無涉。病在不知有天地兩盤。當以天盤成局之星。照地盤所作之山也。又有某書前載天元歌。直將選擇章削去。後作烏兎經一卷。又全以此歌爲粉本。竄易其辭。攘爲己有。歌訣尤鄙俚。不堪烏程凌厚堂。誚其佛頭著糞。不誣也。其法不遵曆書。但以前月下旬之卯日爲起例。將七政四餘。校補 按此僞法以九宮八卦爲例。只有羅睺計都。無紫炁月孛。挨次佈於十二宮掌訣之間。差訛至此。後賢毋爲所累。

校補 干支神煞不盡謬。謬在用干支者不得干支正宗。一爲諸家俗術所囿。終身不能自拔。遂有誤己誤人而不可

問者。於是矯枉過正之流。務將干支推倒。競用天星。彼亦未嘗不知天地兩盤。當分開活用。以天盤成局之星。取照地盤所作之山也。而究不能適用者。不惟此輯平盤有以誤之。乃羅氏通書風行海內二百餘年矣。所載求太陰五星到方活圖。猶是平盤俗套。天星之欲發明也。豈不難哉。

謝氏援靑囊中卷以證天元候星論 原刻此未題明。失著述例。謹正之。

天元候星法。卽靑囊經中卷用法也。靑囊中卷古作天官篇。固知是言天時。非僅言地理也。如謂天有五星。地有五行。天分星宿。地列山川。氣行於地。形麗於天。因形察氣。以立人紀。此選擇大綱也。蓋兩間不過陰陽二氣。善葬者亦

不過乘此陰陽二氣而承之爲生氣聚之爲旺氣鍾之爲靈氣毓之爲秀氣故曰葬者反氣入地也夫陰陽之眞氣在天爲星辰在地爲河嶽聖人因其形以察其氣或察之於山川或察之於星宿招之攝之翕之聚之因而葬之星辰啟瑞山嶽降神人紀遂由是立焉選擇之必候天星者以此故即示人觀象之法曰紫微天極太一之御君臨四正南面而治天市東宮少微西掖太微南垣旁照四極四七爲經五德爲緯運斡坤輿垂光乾紀七政樞機流通終始言天有四垣以正四方又有二十八宿以爲之經有五星以爲之緯光垂乾紀氣運坤輿七政爲大即有北斗七

星以爲之樞機其流通終始皆有形可見有象可求渾天寶照之天盤繪此者也其用之之法則曰天光下臨地德上載陰用陽朝陽用陰應陰陽相見福祿允貞陰陽相乘禍咎踵門天之所臨地之所盛形止氣蓄萬物化生氣感而應鬼福及人言眞氣在地渾渾淪淪無所謂生亦無所謂育必得日月五星之精光下臨始有所涵濡有所絪縕有所包孕而生育可期陰用陽朝陽用陰應即陰令用陽星陽令用陰星蓋必陰見陽陽見陰二氣相濟穴中得冲和之氣而後福祿允貞若陰復用陰陽復用陽是謂相乘禍咎立至矣故天光所臨之處即地德所盛之處形於是

乎止。氣於是乎蓄。萬物搆此。倘有生生化化之機。人爲物靈。骨殖得此眞氣以養之。靈秀豈無以應之。雖在死骨。必能福及生人。葬書曰本骸得氣。遺體受蔭。此自然之理。亦自然之驗也。故極贊其妙以結之。曰是故天有象。地有形。上下相須而成一體。此之謂化機。化機者造化之眞機也。星宿之在天成象。山川之在地成形。皆氣也。一上一下。彼此相須。兩體合成一體。即陰陽交媾之妙。人能識此交媾之在何時何處。而乘其氣以葬之。是即葬乎天地之交。是即葬乎天地之交之中。奪神功改天命。控制造化。掌握乾坤。端由於此。故謂之化機。此選擇之至精至密。至微至妙。

天元候星法。全記此篇。原注謂造命訣本於天官。即本此天官篇也。後世浸失其傳。選擇者惟干支神煞是務。將天官妙義。置若罔聞。雖無人不讀青囊。竟無一人能用青囊。此讀書者不求甚解之過也。予不忍秘要失傳。因顯揭其法於此。以質世之善讀青囊者。

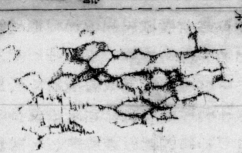

校補天元選擇卷一終

校補天元選擇辨正卷之二

賁中謝鄉瀍一園氏輯　　王元極校補

華陽天昌錧周宗璞參訂

天星秘竅　明甘霖時望著　　楊天佑繪圖

此五種秘竅之一種也。所謂天星活圖即楊公渾天寶照。此特點繪天文全圖耳。惜其書多牽掣於年命山方等種種謬法。習俗囿人。賢者不免有如此。茲惟摘錄其候星之法若干條。餘則概從刪節。懼亂眞也。

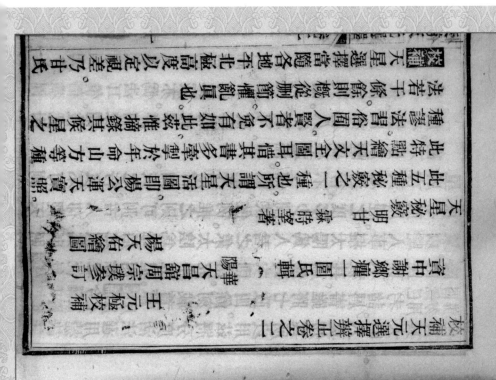

校補 天星選擇當隨各地平北極高度以定視差。乃甘氏

未知實測死執平盤爲活圖謝注復以渾天寶照傳會其說今按匾渾天儀以較之所謂秘竅亦爲法耳惟俗術囿於平盤由來已久牢不可破非藉此本詳加校補彼此對勘不足以醒夢夢之流也

星曆言天之運行不可知觀星斗則可知天之行度不可測以七政所經之度多少濶狹倣例推之則可測古人仰觀天象以驗人事擬太陽爲人君之象太陰爲母后之象其所照臨臣民莫不被其福澤其次則當究乎五星四餘之流行[校補]四餘已辨勿用考諸曆書雖將七政四餘刻載首篇[校補]今羅氏曆反以七政殿後但言其大略人莫知其所以用茲將分度活法選用撻訣註明皆天星家所秘故謂之秘竅

一集中各條多所節刪亦小有竄易或其中理有未協法有未合辭有未順者不妨略爲校讐俾歸於正以便遵行非截趾適履也

凡用天星以予校定周天宮度製造天地二盤天星活圖用羅經準定子午[校補]指南本有偏差隨地不同所有求天元子午眞線圖詳末卷使方位山向不差以候時刻天星之所到每口查看宮曆七政四餘某星輪坐某度以天盤太陽所坐之度加於地盤某時刻[校補]按此是時刻盤匾渾天儀亦用之秘竅並以爲到方盤則誤之至矣則知某星到某山向即取吉星所到處用之夜則看其日天盤太陽坐某度加在地盤某

時刻上則天上諸星與圖間諸星一一相對不差即可知日間所測者不爽。天元歌渾天寶照候天星法亦如此即楊公造命訣用法也。天星活圖一如渾天寶照式此則天盤中有四維八干地盤外有三百六十度不知天盤止有十二宮並無四維八干地盤止有二十四山並無三百六十度以三百六十為地盤坐度理亦可通但不可以列宿紀之以地下本無二十八宿也

校補 秘竅天星活圖本係平盤無七政到二十四方弧線其云所測不爽是瞽目而徒騰口說也設如四川省城北極高〣〇度〤二分民國十三年陰曆七月二十辛未日太陽躔星初度金星井八度南緯五度以平盤測之卯初初刻金星到辰方正中以區儀測之金星到卯方微偏甲所差懸遠而仰觀於天則區儀准而平盤不准也且測日月木火土水無一不准彼之平盤只七政過中距以至卑時稍有可用者謝氏以天星活圖釋渾天寶照直信楊公亦必如是也過矣惟辨地盤三百六十度不可紀以列宿實爲見道之言惜未發明此是地平經度當於午中起初度分偏東偏西以至子正各一百八十度是爲實測天星之要耳

附論北極

北極爲天之樞紐居其所而不移其出地有高下者因人

所居之地南北之不同也。是故寒暑之進退。晝夜之永短。因之而各異焉。蓋曆法以日躔出入赤道之度定諸節氣。而北極出地之度。即赤道距天頂之度。倘推測不精。高度差至一分。則春秋分必差一時。而冬夏至必差一二日。日躔既差。則月離五星之經緯亦謬。而實測日月五星及諸恒星之刻。方更有毫釐千里之遺誤也。法於冬至日前後。用儀器測勾陳大星出地之度。酉時此星在北極之上。候其漸轉而高。至不復高而止。為最高之度。卯時此星在北極之下。候其漸轉而低。至不復低而止。為最低之度。乃以所測最高最低之度。折中取之。即北極出地之度也。北極無星。其高低不可得而見。故取星之環繞北極上下者測之。惟勾陳大星。冬至日酉時在最高。卯時在最低。可以得高低之標準也。又法隨地隨時求北極。假如清明後三日欲測一地之北極高下。則於是日午正以象限板測得其地太陽高弧六十七度二十八分。次檢是日日躔距赤道七度三分二十四秒。則以所距之度減所測之度。餘六十度二十四分三十六秒。又以所餘之六十度二十四分三十六秒除象限之九十度。得二十九度三十五分二十四秒。即為所測處之北極出地也。春分後各節以距度減測度。秋分後各節以距度加測度。各省會北極及四川各縣北極表詳末卷。

天盤三百六十度。太陽日行一度。每年交立春一日。太陽輪坐女四度。原本作虛一度須看某時某刻交女四度。交後十五日行過十五度。又交雨水一日。太陽輪坐虛八度。原本作危六度如此三十日行一節一氣。太陽三十日亦過一宮。天上經緯諸星皆隨太陽運轉。地盤坐度則不與之俱轉。此天動地靜之道也。周天十二宮。太陽三十日過一宮。此言其運行於天。若照臨地之方位。則一日一周。一時即過一宮。天元歌所謂日月五星大象同。一時八刻一移宮是也。選用天星。當以一時過一宮到地之方位為是。若天盤過宮。特推步之標準耳。集中所載八氣宿度。已與今法不合。甘公為前明萬曆間人。彼時冬至日躔箕四度。迄今**校補**指謝氏作注時垂三百年。已差四度餘。且舊法三百六十五度二十五分。今僅用三百六十度。列宿分占宮度多少闊狹。又各不同。舊本星圖宿度。多與今之天象不相脗合者。以非現在歲差也。集中凡八氣宿度。皆依今法改正。**校補**按謝注用同治甲子冬至日躔箕初度三十六分五十三秒為法。以改八氣宿度。今民國十三年甲子冬至日躔尾十四度五十六分十六秒。已差五十二分。進作差一度。可也。其交立春一日太陽輪坐女四度之例。可改作女三度矣。餘倣此。免滋學者之疑。

校補周天十二宮。太陽三十日過一宮。此約言之也。細按各節氣自有盈縮不同。如民國十三年甲子之立春日。陰曆正月初一甲寅日太陽躔女三度四十九分。以子正計次日至女四度五十分。是一日行一度一分也。又立夏三陰曆四月初乙酉日太陽躔婁十一度五十四分。以子正計次日至婁十二度五十二分。是一日行五十八分也。檢本館曆各節氣，可以類推，至於取照地平方位，必以算法求之。用垂弧法，或矢較法亦得。如有本地立成太陽到方表，或本地匾渾天儀，更捷，乃蔣子不明實測，偶以日月五星大象同一時八刻一移宮說箇僞法，後人遽信之奉若神明，直是盲以導盲，不知有昭昭之天象矣。

太陽過宮法，冬至箕初度【校補】今民國十三年甲子，冬至太陽躔尾十四度，另有過宮表詳後，此仍舊錄之。到艮進丑宮，大寒斗二十一度到癸進子宮。雨水虛八度到壬進亥宮。春分室八度到乾進戌宮。穀雨奎九度到辛進酉宮。小滿昴二度到庚進申宮。夏至參六度到坤進未宮。大暑井二十六度到丁進午宮。處暑星四度到丙進巳宮。秋分翼七度到巽進辰宮。霜降角七度到乙進卯宮。小雪氐十六度到甲進寅宮。宿度皆依今法改正

或曰：吾子以今日之法，竄入古人之書，在古人固未知有今日之法也。吾子其謂古人何。曰：是正所以扶翼古人也。古人立法，原欲適天下後世之用，至星移度換，法已不通。忽有人爲之較正，爲之修改，以適其用於無窮，在古人固已大快也，又何嫌於竄易其書乎。且如今時冬至日躔箕

初度。再二百餘年。將在尾十二三度。今日之法。又不可遁。使人不知較正改修。徙置之曰是不可用。吾子其謂後人何。凡著書立說。誠使天下後世有能修之改之校正而遵用之。以傳我之此書於勿替。是固我之所深望於後人者也。於古人又何閒乎。客曰諾。

【校補】宿度歲差過宮法上推每年加五十二秒。下推每年減五十二秒。必須立表。以一年爲例。備詳分秒之數。後人乃易按年修改。徙記整度。如冬至箕初度大寒斗二十一度之例。無能得其碻算也。爰以民國十三年甲子宿度歲差過宮表附後。

宿度過宮表

宮	丑	子	亥	戌	酉	申	未	午	巳	辰	卯	寅
秒	〡〦	〥〨	〤〨	〢〧	〣二	〡〩	〥〥	〣〇	〤一	〥〧	〡〩	〇〇
分	〥〦	〤〨	〣三	〣一	〣三	〣〥	〡〩	〤三	〤二	〡三	〇〩	〥〤
度	〡〤	〢〇	〇〧	〇〧	〇〨	〇一	〇〦	〢〥	〇三	〇〧	〇〧	〡〥
宿	尾	斗	虛	室	奎	昴	参	井	星	翼	角	氐。

此表以民國十三年甲子。歲差爲例上推用加法。下推用減法。

太陽躔次過宮交節氣到艮到癸到壬到乾。一日輪坐一度。即一日行一度也。如冬至太陽坐箕初度。次日坐箕一度。三日坐箕二度。每日輪坐一度。即一年躔次一周天。又如今日坐定一度。十二時隨天左旋一周。爲一日。明日又過一度。十二時又旋一周。爲一日。雖正月到亥。二月到戌。而日日換度

七

刻刻輪度。却是圓活。非一月內汞定坐亥坐戌。日時不循環
流轉也。
所謂到艮到癸到壬到乾。乃太陽躔次行到天之艮癸壬
乾宮度。與地之艮癸壬乾方位了無干涉。世俗誤以天之
艮癸壬乾。混作地之艮癸壬乾。見古人有太陽過宮法。遂
謂冬至太陽到艮。宜作艮山艮向。雨水太陽到壬。宜作壬
山壬向。〔校補〕此即俗本通書之曆數太陽板執不可用。不知天盤鎮日旋轉。安得
以天上躔度之艮壬。求之地下方位之艮壬。況日躔在天。
止有星紀元枵娵訾等十二次。並無所謂艮癸壬乾之四
維八干耶。

〔校補〕旣知日躔在天。止有星紀等十二次舍。並無四維八
干。何不直行删去。以免淺學滋疑。區渾天儀之作法。天盤
止用丑子亥戌等十二宮名。尤爲簡要之至。
楊公筠松。專以七政太陽爲人造福。取驗極速。其詩訣云。常
將曆數考諸天。天上星辰萬萬千。纔到五更星漸沒。惟有陽
烏亘古全。又云。請君便把太陽照。茅屋光輝億萬年。此專用
太陽出地。取其精光照臨坐向方隅。爲造福之主。總宜在初
出地時。〔校補〕謝注辨駁見後太陰條下。得其精光燭照。更能降服諸煞。
楊公取太陽之照穴造福極速者。爲其得天地之氣之精
也。朱子論日有云。氣行滿天地之中。然氣須有精處。故其

見如輪如餅。氣行到寅。則寅上有光。到卯則卯上有光。氣充塞無所不到。若得此意思。便知生物之理。精光照穴。便是得此意思。便是得此生物之理。蓋乘其精氣行到此處。此處有光時。便於此處用葬。是攝天之精氣以入地中。即蓄地之生氣。以返元陽。深得造物生生之理。藉天地之精華。發山川之靈秀。感氣福人。莫大乎此。

校補 此專用太陽一說。對於靜盤作用尤便。以靜盤安命成格成局。而動盤只取太陽到山到向到方。最無掣肘。故也。樊巖五福星堂通書選課。悉主靜盤。取合七政。編作四言韻語。每課之首。但標太陽到某方位。即此意耳。然亦不如動盤並用七政之為上乘也。

用太陽。必以時為準。如大寒後三日。天盤太陽坐斗二十三度。校補 此謝氏以同治甲子歲差改定者。今民國甲子以後。當在斗二十二度。出卯正三刻十三分。行到地平乙方出地。校補 太陽出地時刻及所出方位。各處地平不同。此不問北極高度。以為坐斗二十三度必出卯正三刻十三分。行到地平乙方出地。實為無知妄談。纔有精光燭照。此理甚明。陽烏一出。普照萬方。若坐向金度。適得此時太陽正照。謂之合朔藏辰。今人不明此理。只待日躔所到宮辰之方位動作。如冬至到艮。雨水到寅之類。多有刺謬。予得秘授。以太陽出沒之時為趨吉之主。特為表出。用破羣迷。

按青田直指太陽臨四維用四維時。臨八干用八干時。此言太陽照臨於地之四維八干方位也。故曰一日只一時。今人誤以在天之躔次取之。謂二至二分日躔臨四維宜用艮巽乾坤時。雨水小滿處暑小雪日躔臨陽干。宜用甲庚丙壬時。大寒谷雨大暑霜降日躔臨陰干宜用乙辛丁癸時。以爲本之青田不知四維八干在地盤不在天盤。設在天盤一歲只一日。何云一日一時也。風水一書云太陽十二時周地二十四山。地係子山午向。此日只午時太陽到向。先一時則太陽在巳。後一時則太陽在未。地係艮山坤向。必未時末刻申時初刻太陽到向。先則在未。後則在申。所謂一日只一時也。每日二十四山皆可用太陽。地係乙山。即候乙時太陽便到乙。地係丁山。即候丁時。太陽便到丁。到丁便對照癸向。到乙便對照辛向。照向照山一時兩用。

校補 按青田直指及風水一書。皆欲用太陽而不得用太陽之法者也。蓋天學未昌。俗術昏迷。天象不知。動盤到方。有弧三角實側算術。徒以地平方位。分作二十四小時。平行約之。其候太陽。不惟不問所在北極高度。且不論屬何節氣。俱謂一山一日只一時。如地係乙山。即候乙時太陽到乙。地係丁山。即候丁時太陽到丁之類。視其晷影準以鐘點。實不盡符。試據四川省城測之。立春立冬節太陽卯時初初刻四分到乙。清明白露則辰時初二刻八分到乙。夏至則巳時初三刻十三分乃能到乙也。蓋時刻係天當赤道度。山向係地平方位度。惟北極之下。赤道與地平相合。自此以南則北極漸低。偏度漸少。又夏至太陽行北陸。距地平遠。則偏度最多。冬至太陽行南陸。距地平近。則偏度最少。因而加減各節氣不同。各地平亦不同。此不可以約略求之者。若有本地立成到方表。或本地區渾天儀。又至便至捷。而有確然不易之數也。

太陰繼明者也。月本無光。借日之光以爲光。月在日先。向明而漸圓。月在日後。背明而漸缺。每月初三。去日約四十餘度。與太陽如兩鏡斜照。月受日二三分仄光斜映。故月生二三分明。逐日漸與日遠。有十餘度。如初九初十。受太陽六七分斜光映照。月又生六七分明。至十五日。與太陽相去一百八十度。如兩鏡對照。得太陽正照。而精光圓滿。是爲對望。如坐向金度。適得此時太陰照臨。太陽暗助。併工急完。發福尤速。前論太陽必取初出地時。此論太陰則取正圓滿時。不知日月爲諸福之首。隨時皆可用。即隨時皆可發福。不必拘定初出地時用太陽。正圓滿時用太陰也。所謂出地者。謂當於既出地後。貞明在天時用之。不當於未出地及已入地時用之。然取對望之太陰照臨。亦取已沒之太陽暗助。

是日在地下者未嘗不用。則月在晦朔者何不可用。天元歌言月逢晦朔皆爲福。何必蟾光三五圓。法更活潑。

校補 太陰行度盈縮甚是不齊。每月與太陽相去一百八十度時。不能限在十五日。至於取照之法。則較太陽更難。不明算術。必用本地區渾天儀以測之。若此卷天星活圖。測太陽已有最大差池。更用以測太陰。必至百不准一。所謂坐向金度。必取太陰照臨太陽暗助。亦不過空談其理耳。安有發福尤速之實效哉。

凡擇吉雖得日月照臨之時。若不究五星四餘之吉凶。（**校補** 四餘已辨勿用）亦不能全善。故天機素書必以五星四餘爲主。初不拘太陰太陽也。若得日月到山方。又得五星四餘之吉同到山方則善矣。但世俗罕得其傳。鮮能知此。

日月爲陰陽之眞精。太陽木火成質。陽之中未嘗無陰。太陰金水爲神。陰之中未嘗無陽。以其備陰陽之全氣。故精光燭照。四序咸宜。若五星則各具一氣。各擅一時。爲用爲恩。發福較日月尤勝者。其力專也。七政流行天地。以此賦物。聖人以此造福。專用日月固不是。專用五星亦未必盡是。固宜並取兼收。始臻完善。斯道固少傳人。果造福心切。好學深思。思之不通。鬼神將告之。

校補 日月五星並取兼收。固是天元大作用。然日易用而月五星不易用也。何則自有太陽到方表以來。只要所居北極。不與所得之表差過一度。即可按表比例以取之。而太陰五星則無表可括。非有匾渾天儀。蓋不能一見取到之不勞算術也。且用匾儀。不惟到方最確。而命度十二宮理亦自然而然。若謂造命不在安命。吳氏少苑已有江蘇命度表。北極三十二度○四分羅氏傳煒已有廣東命度表。北極二十三度十一分又何說耶。謝氏深疾俗術安命拘論星盤五行。遂專主到方不以安命為造命。所見亦已偏矣。

青囊經言天光下臨。天光即日月星三光也。晝則日麗於天。夜則月代之明。無月則星繼之以明。故三光照臨之處吉凶禍福。捷於影響。且三光明明在上。可測可觀。開眼即見。無俟深求。經曰。三光齊到。百福駢臻。故修造葬埋。必取天星吉宿照臨坐向。所謂天光下臨。地德上載。隨天而行。凝地而應者此也。

天光即是三光。天本無光。藉日月星之光以為光。故日出而明。日入而晦。夜無星月則暗。固知天之光即三光之光也。近有以天光論地者。謂某處山水甚佳。又得一點天光落於其處。葬之當吉。或言某山雖未結穴。却有一點天陽落於某處。葬之亦吉。不知天以三光之光為光。除却日月星安得别有昭昭之一點落於其處地之上。即天。凡天皆陽天陽充塞兩間無處不到安得獨有一點天陽落於某處乎良由誤認天光下臨是相地妙訣故爲是捕風捉影之說以自欺欺人庸庸者喜其說之新奇以爲本之青囊也遂甘受其欺而信之於是竟有盡棄其所學之地學而談天光天陽者

校補 按以天光天陽論地之理氣自是玄空家言與天星家分道揚鑣不必執此以攻彼也

造福莫大於天星必精研曆法以推算其交宮過度方爲不爽要以日躔爲主按節氣日時取某星某度加於坐向方隅爲天星蓋照百事吉祥

學者欲知曆法務將渾天寶照天地兩盤逐逐細玩知得地盤十二辰即今之十二時時析幾刻刻析幾分一日共得若干分天盤十二宮宮各若干度度各若干分二十八宿各占若干度若干分太陽行黃道每節氣交宮過度當在幾度幾分太陰五星出入黃道南北各得若干度若干分必先將此等處一一熟悉於胸然後以冬夏盈縮求太陽以朔望遲疾求太陰以順逆遲留沖合求五星覘日月一周五星一合各得若干日若干度若干分四餘每歲當行若干度若干分必如此研求俾璇璣在握星宿羅胸斯許其檢擇七政四餘爲人造福

校補曆法首重推步。推步必用算術。然法算難而表推易。也。必得日月五星年根均數諸表。始可與言推步之次第。若謝注此節及後曆法約篇。均不足以究乃數也。

星曜之吉。有入垣升殿。入垣謂行到本宮。如角亢到辰。氐房心到卯之類。升殿如天盤角一度與地盤角一度相對。天盤亢一度與地盤亢一度相對。謂之天地合德。若此時此刻適得七政四餘。**校補**四餘已辨勿用。諸吉到坐向金度。造葬並吉。

入垣升殿。當是五星。不是列宿。如星經漢甘氏石氏著。言熒惑爲執法之星。常以十月入太微垣受制。是也。蓋卯辰二宮在三垣界內。比之王畿。五星入此成局。猶督撫內用大掌權衛。故較常尤吉。升殿謂帝座前。猶輔相身登殿廷。對揚王命。故候星法最重日月五星與帝星相值也。若角亢到辰。氐房心到卯。及天盤角亢與地盤角亢相對。不知有何垣可入。何殿可升。既以此爲吉。何復借重七政四餘。七政四餘果吉。即不到辰不到卯。不相對。造葬何嘗不吉耶。

校補星經言熒惑爲執法之星。常以十月入太微垣受制。此言非也。按熒惑即火星。每一平年行六宮十一度十七分又四分分之一。歷二平年行一周天越二十二度三十四分半。約二平年又五十日爲沖合退順周率。七十九年行四十二周天越一度又三分度之二爲大周天。以此推

步斷無常以十月入太微垣之數不識星經何由妄言謝氏不察數之有無遽引以證入垣所謂好古而不識古者莫此之甚也

選用五星四餘。**校補**已辨勿用四餘須要得時如春用木炁夏用火羅秋用金星冬用水孛四季月用土計是謂得令如遇遲留伏逆亦能爲禍

此條尤不可從當令極旺之星是謂難星依此選用是陽復用陽陰復用陰正靑囊所謂陰陽相乘禍咎踵門者也至謂遲留伏逆亦能爲禍尤非五星皆隨天左旋演曆者以退數爲進數其順而進也不及乎天也其遲而留也及乎天者也其逆而退也氣之盛而過乎天者也伏而不見與日相近也是皆星度之常安能爲禍

校補謝注遲留伏逆以逆而退也爲氣之盛而過乎天者也此說傅會失實詳後第三卷五星順逆遲留說自明

用星必取其照臨山向然或吉星到此山向凶星亦到此山向亦或諸吉叢聚而此一山向竟不能取到當有此山此向數年不能遇一吉日者世俗不知其難每有極力爲彼選擇之期却聽無知細人邪辭棄而不用反用庸師另擇其選擇欵內共三百四十餘家種種神煞各執一見此是彼非皆無根據徒創極美極惡之名以眩惑庸俗通不足信惟楊公選

用天星照臨坐向法極爲得理茲略舉數條爲擇吉之例

褚少孫補史記日者列傳孝武帝時聚會占家問某日娶婦可乎五行家曰可堪輿家曰不可建除家曰不吉叢辰家曰大凶曆家曰小凶天人家曰小吉太乙家曰大吉皆各據所學自成一家言近世選擇諸書務矜淹博每輯諸家之書而備錄之其習者即併諸家之說而合用之故往往合於此離於彼雖數十百年豈能遇一吉日哉候星之法或取恩用或取日月或取恒星或到山或到向或拱或夾或合或橫天交氣斷無數十年不能遇一吉日之理世傳楊公爲人殯葬大都不出數日因其便於暑月利於窮民故美其名爲救貧【校補】救貧之名不止出於此也即褒其術爲造福用造命也

【校補】漢時選擇如褚少孫所言已有五行堪輿諸家辨訟不決可見干支神煞由來已古必欲掃而空之此中未必皆無根據故擇日雖以天星爲主亦宜參究干支正宗但不得拘忌過甚以致終年不決之可鄙耳

如十月作甲方山向用卯時初初刻本日木星在心五度【補校】未知太陽在心三度即將天盤心三度加於地盤卯初初刻緯度五六分則天盤日星正到地盤甲上而天上之日與木星亦適到地之甲方照甲山甲向也

候星法甚佳。但只取一星與太陽同到山方用。尚未善。且卯時初初刻。日星皆未出地。雖到甲方。實伏於地下。不能上照甲山甲向也。

校補 甘氏楚黃人。即今湖北之黃岡縣。其地北極高三十度二十六分。彼之著書。當據本地立法。今用彼時明萬曆黃赤大距二十三度三十分。冬至日躔箕四度。就彼地北極如法造作匾渾天儀以考之。十月作甲方山向一例。太陽心三度。木星心五度。用卯時初初刻五六分。太陽木星俱已到地平下之乙方。彼按活圖。猶以爲正到甲上。如此差隔一山。謝注乃謂候星法甚佳。吾不識其果何以爲佳也。

如正月作子山。用午時。本日木星在虛初度。校補 未知緯度 太陽在虛七度。即將天盤虛七度加於地盤午初三刻上。則盤間木星太陽正到午上。而天上之日星亦適到午方。對照子山也。日在虛七。已過立春二候。木氣正旺之時。復用木星。是以難爲用也。不可從。惟候星法恰在箇中。

校補 正月作子山一例。如前法考之。太陽木星俱如所候。然不得以爲候星恰在箇中也。不過以虛七虛初界在黃道卑限。當午初三刻。又近正午而少有偏差故耳。

如八月修丑艮寅方。用辰時。本日火星在尾七度。校補 未知緯度 太陽在翌五度。即將天盤翌五度加於地盤辰正二三刻。則火星正到丑艮寅方五行惟火星最有生氣發福極速但一失檢點則立主火災不可不慎。寶鑑賦云火隨日影夏時有回祿之災蓋夏令陽氣偏盛。再用火星是以陽乘陽氣愈熾火災立至矣惟秋分之後春分之前則宜用之。

校補 八月修丑艮寅方一例如前法考之太陽躔五度火星尾七度用辰時正二刻火星已到卯正下地平猶謂在丑艮寅方如用辰正三刻則火星到卯方偏乙更去丑艮寅遠矣亦由平盤所誤且無論已過丑艮寅方不作準用即恰在丑艮寅方亦尚伏地而不能取照也。

如亥山巳向欲取木星到山到向須以太陽定其時刻即將天盤太陽所坐之度加於地盤某時刻上看天盤木星所坐之度於某時刻行到地盤亥方此爲到山於某時刻行到地盤巳方即爲到向此候星眞訣也。校補 以天盤太陽加地盤時刻隨視天盤各星以定到方法本不謬但所用活圖無到方弧線欲於平分二十四方位取之則謬之至矣自謂是候星眞訣欺天乎欺人乎亦終不可欺也。楊公云天上星辰照地支用元宮主好詳推。校補 上句言到方下句言安命而好詳推三字又兼承上即謂此耳句也謝氏不主安命即此可見其偏矣。以上數則深得楊公候星之秘第其用法未造天星之極。緣此公於諸家尅擇之書採取極博故其爲書遂如萬里黃河泥沙並下雖此卷爲沙中之金然亦多喋喋於年命山方及命主化曜等種種俗說。雖能候天星。實未能用天星。干支錮之也。學者當以天元歌正之。

校補 天星化曜一條。甘氏原本極詳。謝注指爲俗說掃去之。誠爲有見。但化曜之說。已深中人心。非再加辨駁。不足以醒庸庸者流。考化曜起例。有從歲干起者。有從歲支起者。有從歲納音起者。皆僞之尤僞者也。試以甲子年金星論之。例云化天耗化天妖化催官化產星化壽元。同一星而吉凶互化。已不可通。況論星之恩用難忌。天元秘旨本隨時令而變遷。爾以化曜膠於一年。其僞尤顯然可見。蓋七政各有實行。一推步而宮度分秒。逐日不同。太歲干支納音。實與之風馬牛不相及也。乃自唐以來星命家用之。選擇家亦用之。有如宗廟五行顛倒不可究詰。甘氏所錄及諸家通書。少有卓識。吾無怪焉。彼中西星要中西天文算學精蘊。乃號精天學者。亦從而傳會其說。以爲天星必兼化曜。曾不如謝氏之能掃去之。俗術固人。賢者猶有不能自拔者也。而望舉世曉然其僞。尚可得乎。

原跋 原刻此未分明。失著述例。謹正之

予以嗜山水故。因托之地學。以窮其遊覽之趣。然素不喜尅擇家以年月日時之干支。推論神煞。雖學地數年。初不敢爲人擇一葬日。以理不可信也。**校補** 力闢干支。固謂理不可信。而好談天星。又不明算術。徒以死板平分說法。其理又有可信乎。是所宗既不得其眞。所關亦未必皆爲僞也明矣。道光戊戌。從周方泉先生受玄空運世法。先生言五種秘竅有天星活圖侯星法可袪世俗一切悠謬。亟覓此書日夕研究。因將天星活圖摹臨十數遍。小有會悟。遂以天地兩盤分繪爲二。貫線作紐。天盤遂得旋轉運動。晝以日度加時懸線取影。可定刻分。【校補】用平分盤以爲太陽辰時到辰巳時到巳之類。萬不能準較以鐘表自見。黃昏以日度加時尋求斗柄。可知月建。【校補】斗柄指月。係據天盤赤道言之。若地平仰觀。非用杓星經緯求合。且星月所到之方位與本地經緯不能碻定其所指也。盤間之方位。分寸不差。【校補】星月到地平方位。各有偏差。斷不能與所執活圖不差分寸。本托空談。儼然實測。人每讀其書。輒信而不疑者。以筆墨之能掩飾也。乃恍然於古人擇吉能以七政四餘爲人造福者。恃有此法。古之器推測不爽也。既又於靈犀子處得渾天寶照活法圖。與寶照一而二。二而實一。【校補】總是一箇僞法。可笑。雖用法不及天元之理爲更勝。其論說詳盡。實便初學入門。【校補】入此門不爲此門所囿。天學尚有進步也。入此門即謂有堂可升。有室可入。則終身爲門外漢矣。故特輯此編附於天元歌後。而侯星一法尤足發天元之所未發云。一圜主人識。

校補天元選擇辨正卷之二終

校補天元選擇辨正卷之三

資中謝鄉癯一圃氏輯　　王元極校補

山陽華天昌舘周宗璞參訂

楊天佑繪圖

渾天寶照

渾天寶照。候星舊法也。自傳書者不傳訣。遂使珠星石隕。寶鑑塵封。予自得此圖。花前月下。旋轉推移。員有掌握乾坤。手摘星辰之樂。茲特詳述其法。俾學者知天元秘寶。猶在人間。古人能藉日月星辰。爲人造福者。恃此也。

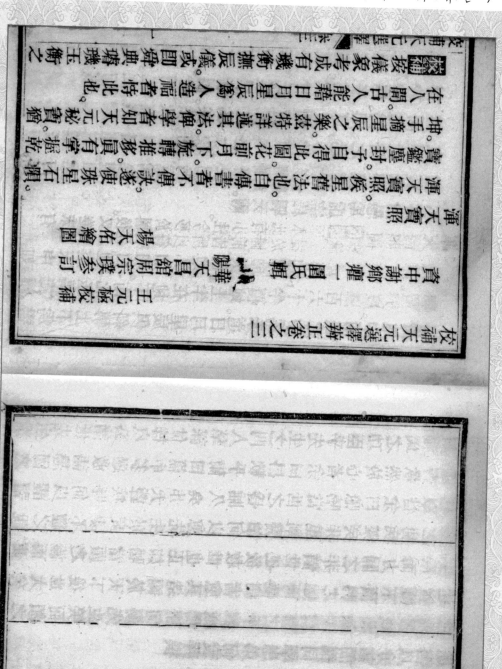

校補按儀象考成有璣衡撫辰儀。或即舜典璿璣玉衡之

遺制也。但非觀象臺不恒有之。若此渾天寶照。謝氏自言得於靈犀子處。與甘氏候星活圖一而二。二而實一。是知活圖之僞。即可以知寶照之僞矣。然欲直筆刪去。又不足以醒世俗之迷。乃按原本逐一校補正。以匾渾天儀及恒星黃赤經緯表。黃赤經緯表俟續刻務使閱者眞僞參觀。卓然自悟。不再誚愚爲虛空棒喝云爾。

渾天寶照圖【校補】原本此有小注。今移於圖後。又卷末有總論。今提於圖前。皆所以符著述之例也。

按渾天說。天地形如鳥卵。天包地外。如卵白。地處天中。如卵黃。天度三百六十、半覆地上。半在地下。南北極樞旋轉斜倚地中。兩極之中爲赤道。日月星辰俱斜轉上下。爲晝夜出入赤道。爲冬夏。釋典言天之中有須彌山。形如蓮花其根柢極小。漸上漸大。大處爲地中。四圍皆山。涵蓄海水成世界。其中爲須彌山頂。四旁爲四洲。其下環大海水。皆天體風輪火輪之所持載。日月環行須彌山半。上下皆燭照。徐南湖云。須彌山即大地也。地在天中。如果之有核。卵之有黃。日月雖環行。實斜經海水之下。行於風輪火輪之間。非行於水中也。但斜環地下。非直環地下。但斜行如蓋非平行如蓋。悟此便識渾天之理。黃帝素書言地在太虛中。大氣擧之。大氣即釋氏所謂金輪火輪水輪也。氣之燥者爲火。氣之剛者爲金。氣之潤者爲水。大氣層層內外包裏。是以舉之。故先儒謂天地一氣也。天包地外。其氣勁直。旋轉不已。故地得載其中安靜不動。【校補】今西法有邵子別主地轉一說曰天何依。依乎地。地何附。附乎天。然則天地何所依附。曰自然依附。其形也有涯。其氣也無涯。緣督趙氏曰。北極不動處。猶車之中軸。瓜瓣之攢頂。北極在地平之上。南極在地平之下。【校補】南極有出地之處北極又反在地下。便知地在天內。如雞子之中黃。以上諸說。皆可與渾天相發明。按渾天本於顓頊。羲和始立渾儀。【校補】即璿璣玉衡漢唐更創為銅儀。後世又別為簡儀平儀子午諸儀。然皆仰觀之象。故列宿皆自右而左。寶照則俯視之象。列宿獨自左而右。緣此圖如以鏡置地。三

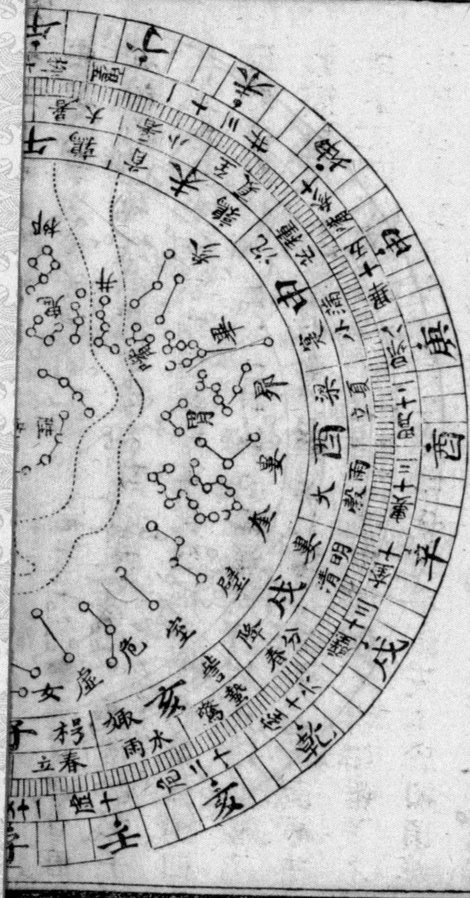

垣列宿皆若鏡中照得。故與諸儀異制也。

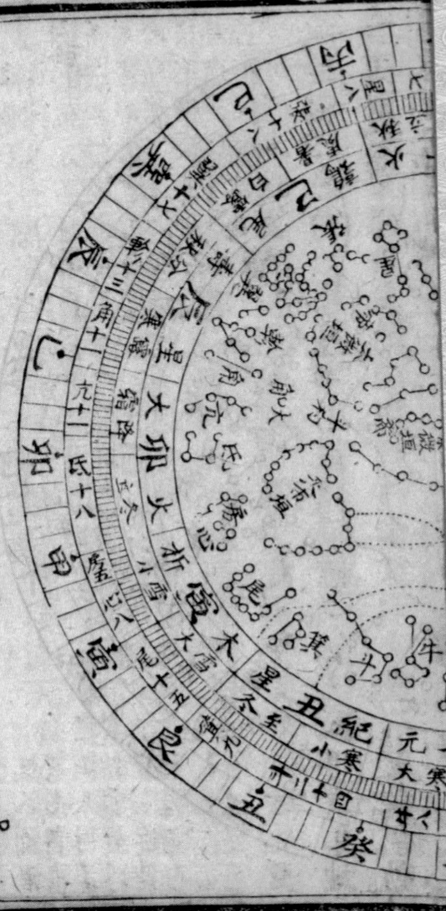

渾天有名可紀之星。見於天文諸書者。二百九十餘座。茲僅
及三垣列宿者。本於天官也。學者欲窺全體。當參看天文全
圖及星經諸書。無挾此自隘也。

渾天寶照。古渾儀遺製也。渾儀以七曜恒星析天爲九重。最
下一重爲月輪天。二重水星天。三重金星天。四重日輪天。五
重火星天。六重木星天。七重土星天。八重列宿天。九重宗動
天。渾儀式宗動天爲一大輪。自列宿至月輪。以次居內而漸小。即朱子所謂大輪在外而轉急。小輪在內而轉慢者也。

校補 析天爲九重。其曆次高下之證。以視差言之。與人目遠者視差微。近則視差大。故恒星之視差最微。以次漸增至月而差極大也。以行度言之。近大圓者爲動天所掣。故左旋速。而右移之度遲。漸近地心則與動天漸遠。而左旋漸遲。即右移之度反速。故左旋之勢。恒星最速。以次漸遲。至月而爲最遲也。右移之度。恒星最遲。以次漸速。至月而反最速也。是二者宛轉相求。其數巧合。高下之理。可無復疑。說據梅氏曆算。

茲并宗動列宿爲一重。七曜流行。總歸三百六十度中。不另具重數。惟於天盤外別作地盤。從兩盤交縫處劃開。中以線貫作紐。令天盤得旋轉運動。

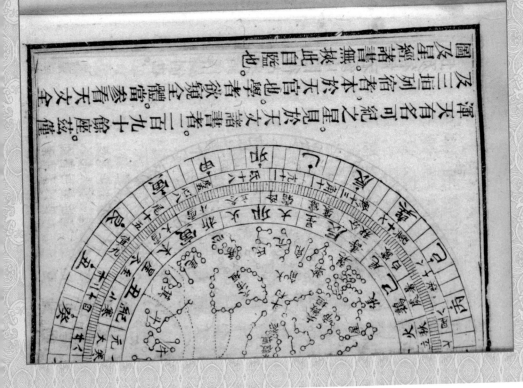

用時將地盤準定子午查看宮曆此日某曜在某宮某度即以天盤所坐之度加於地盤某時某刻則此時天上經緯諸星宮度與盤間經緯諸星宮度一樣不差即可據盤間各星位尋求天上各星尺幅之間可使天體瞭如指掌吉曜照臨即於此選用

天動者也繪天為圖動者不動矣附於地盤不動者仍動線為之紐也世有裝成一幅懸之壁間終日對坐莫測其端者以未曾將天地剖開遂終身在混沌中也乃有天地既分亦能轉動用之終涉懞混者以誤將天盤列宿參入地盤地盤四維八干參入天盤天盤之角亢混作地盤之角亢地盤之子午混作天盤之子午遂致迷茫錯誤轇轕不清圖分之析之蕩之滌之廓清之功可媲神禹

【校補】古渾儀式論其大綱已有六合三辰四遊之辨別渾天寶照但併宗動列宿為一重即謂得其遺製其自矜也過矣細玩三垣列宿天漢諸點畫既無黃赤經緯可分又繪天地二盤度數方位各線不問所在北極出地以定視差只時刻一盤可合赤道平分法即知劃開旋轉試以區渾天儀較之彼之所謂活法亦死法也又安有天體瞭如指掌之驗哉

地盤二十四山即曆家二十四時也今法一日止用十二時

校補今通用鐘表計時。必以十二時析為二十四小時。乃與點數相應。每時析八刻。其四維八干在十二時之初。曰初初刻。次初一刻。次初二刻。次初三刻。為上四刻。其十二支之正中曰正初刻。次正一刻。次正二刻。次正三刻。為下四刻。一日共九十六刻。刻析十五分。分析十五秒。校補自分以下。當以六十遞析之。如分析六十秒。秒析六十微是也。以十五析之者非。秒析十五微。微析十五纖。古法一日萬分。今法止一千四百四十分。古之千分。今之一百四十四分。古之百分。今之十四分六秒。古之十分。今之一分六秒九微。古之一分。今之二秒二微六纖。凡古歲策日策。必以此準析之。今方可用。

天包地外。地處天中。渾天法也。此圖天反小而居中。地轉大而在外。似失渾天之義。不知圖名寶照。寶照者鏡也。猶以鏡置地。仰照上天。天象自在鏡中。照出鏡在地。地自大

五度。欠二十六分　柳十七度。欠一分　星八度。餘二十六分　張十八度。餘三分　翼十七度。欠一分　軫十三度。餘五分。

列宿之度。每歲必東旋少許。數十年則差一度。謂之歲差。古惟隨時考驗。晉虞喜始立差法。以五十年差一度。南朝宋何承天以百年差一度。隋劉焯以七十五年差一度。唐大衍曆以八十三年差一度。宋紀元曆以七十八年差一度。元授時曆以六十七年差一度。今法詳算列宿每年東旋五十一秒。校補本館遵依前淸道光甲辰實測積七十續儀象考成作為每年差五十二秒七十年有奇差一度。二千一百一十七年差一宮。二萬五千四百一十年有奇東旋一周矣。按舊曆唐堯甲子冬至日躔

虛六度漢太初丁丑冬至日躔斗十九度距唐堯甲子二千一百七十三年差三十度唐開元甲子冬至日躔斗七度距太初丁丑八百二十八年差十二度國朝康熙甲子冬至日躔箕三度距開元甲子九百六十年差十三度同治甲子冬至日躔箕初度距康熙甲子一百八十一年差二度餘與今法適合葢古度有奇零今惟用三百六十整度故尤明白顯易較勝諸家

校補 周天三百六十度者宮度也紀以二十八宿則為宿度宿度有零分零秒必檢黃道積度表乃能碻知其數以算歲差之交度過宮但紀餘欠若干分無益也積度表補列於後天盤造此一層凡檢曆某日七政行某宿某度則按

鏡目小故天反居中地轉在外學者惟具廣大神通昂頭天外見得青冥碧落中河海山嶽脉絡分明日月星辰光華輝映一一觸我眉睫宿我心胸方是絕地通天大作用若僅以圖視圖尺幅之微何足狀天地之大哉

校補 地盤十二支即一日之十二時也曆家二十四小時當在三合人盤上計之蓋人盤八干四維屬地盤十二支之前半位作每時一上小時即所謂初初刻初一刻初二刻初三刻也人盤十二支屬地盤十二支之後半位作每時一下小時即所謂正初刻正一刻正二刻正三刻也且每時之上一小時起地盤本支之初即以初名之下一小

時起地盤本支之正。即以正名之取義亦自明白易曉。謝氏誤信曆家二十四時與地盤二十四山相應。遂謂時盤可作到方不曉到方之必由地平測算也。膚淺徇尼問耶。

天盤外第一層爲列宿度數。即推步所用之宿鈐也。校補原本作即二十八星之位也欠妥謹正之。角十一度。欠二十分亢十一度。欠二十四分氐十八度。欠九分房五度。欠八分心八度。餘十四分尾十五度。餘十二分箕九度。欠五分斗二十四度。欠七分牛八度。欠二十分女十一度。餘四十分虛十度。欠二分危二十度。餘六分室十六度。欠十九分壁十三度。餘十六分奎十一度。餘三十三分婁十三度。欠二分胃十二度。餘三十分昴九度。餘二分畢十五度。餘十五分觜一度。欠一分參十一度。欠二十四分井三十一度。欠三十三分鬼

天盤某宿某度。以星籌安之。渾天寶照有此用法。區渾天儀亦有此用法也。惟區儀天盤。必據所在北極以定偏差。不似寶照平分環球同一式樣耳

黃道列宿積度表　天盤上造此宿度。須計歲差。茲現在過宮表造之。

宿	度	分	秒
角	〡〇	〣〩	〡〩
亢	〡〇	〣〦	〇〇
氐	〡〧	〥〇	〤〥
房	〇〤	〥一	〥〩
心	〇〨	〡〥	〇〇
尾	〡〥	〡一	〢三
箕	〇〨	〥〥	〥〥
斗	〢三	〥〤	〡〥
牛	〇〧	〤〇	〇〩
女	〡一	〤〇	〤〦
虛	〇〩	〥〧	〥〤
危	〢〇	〇〤	〢〧
室	〡〥	〤〇	〣〧
壁	〡三	〡〧	〡〨
奎	〡一	〣〇	〥一
婁	〡二	〥〧	〥〨
胃	〡二	〢〩	〣〤
昴	〇〩	〇二	〥〇
畢	〡〥	〡三	〇〧
觜	〇〇	〥〩	〢〧
參	〡〇	〣〦	〢〥
井	〣〇	〢〧	〣〤
鬼	〇〤	〣〤	〡〩
柳	〡〦	〥〨	〥〦
星	〇〨	〢〥	〣〤
張	〡〧	〇三	〡〇
翼	〡〦	〥〩	〡〥
軫	〡三	〇〥	〢三

第二層爲周天度數。按數理精蘊。周天定爲三百六十度。一度定爲六十分。一分定爲六十秒。一秒定爲六十微。一微定

爲六十纖。周天三百六十者。取其數無奇零。便於布算也。即稽之經傳。亦皆符合。易曰凡三百有六十當朞之日。邵子曰三百六十中分之。爲二至二分相去之數可證。校補易曰以下原本小注此改作正文承上作證度下皆以六十起數者。以三百六十皆六六所成。以六十度之。皆得整數也。舊法周天三百六十五度二十五分。度析百分。分析百秒。較今法每度少五十一秒有奇。古之一度。今之五十九分八秒有奇也。古法天析十二宮。宮析三十度。周天原係三百六十度。漢人泥於日躔一日一度。故加以五度二十五分。因宮度不可通。遂以列宿紀之。今法仍以三百六十平剖周天之度。世俗轉訛。執史漢緒餘。以疑新法。不知新法之妙。正妙在善守古法耳。舊用宿度。竟遺宮度。以宮度難析奇零也。今用宮度。仍兼宿度。以宿度可驗歲差也。故皆謂之經度。

校補平分周天三百六十度。原係赤道。謝氏以爲黃道。誤矣。須用赤道求黃道法。詳曆象考成求得黃赤同升之數。以造天盤。乃與實測相合。

第三層二十四節氣。即太陽躔次過宮法。周天十二宮。宮各三十度。日躔每一節氣行十五度。冬至小寒。日躔星紀。丑大寒立春。日躔元枵。子雨水驚蟄。日躔娵訾。亥春分淸明。日躔降婁。戌穀雨立夏。日躔大梁。酉小滿芒種。日躔實沈。申夏至小暑。日躔鶉首。未大暑立秋。日躔鶉火。午處暑白露。日躔鶉

尾。巳秋分寒露日躔壽星。辰霜降立冬日躔大火。卯小雪大雪日躔析木。寅【校補】此條較原本節去十字

新安陳氏謂今冬至日躔箕在子之正中。則天皇應在酉末辛初。太微在卯之正中。天市在子癸之間。紫微司命在丑艮地矣。今人不知天有差移。仍執虛危之針路爲準。故天皇等星分占宮位已錯。用此天星。必須移易宮位方得據此則陳氏亦混地盤之子爲天盤之子矣。所謂箕在子之正中。特以冬至夜之子正初刻言之。蓋曆家以渾儀測天。冬至夜半天盤日躔所坐之箕。適行到地盤子之正中其對冲之度恰升午點。可於此刻考驗正南中星以測太陽躔度之深淺。若日躔所坐之箕。固仍在天盤丑宮之初也。天盤一日繞地一周。子時太陽到子。自然太陽所坐天盤之箕。在地盤子之正中。卯時即轉到地盤卯中。午時却轉到地盤午中。酉時則轉而在酉。子時又轉而在子。【校補】謝氏據平盤而言。子時太陽到子中。午時太陽到午中。亦只子午二時之正初刻初分有如是耳。并言卯時到卯中。酉時到酉中。則各有偏差。不與子午同一例也。是箕在子之正中。不過冬至夜半之一時數刻。安得以一時數刻所臨之方位。遂謂周天星度皆當移易宮位乎。艮由不知天有天之子。地有地之子。遂誤以地盤子之正中。爲天盤子之正中。南湖徐氏直欲以冬至日躔所坐之箕。移入天盤子宮之中。原其故。止坐未

會將天地剖開。遂致天盤之子與地盤之子混合爲一。且援郭守敬堯時冬至日在子中虛六度之說爲證。不知郭氏作授時曆。其時冬至日躔箕九度。以箕九度入丑宮初度。虛宿恰在子宮之中。蓋言堯時冬至日躔在今時子中虛六度。非謂冬至日躔當在子宮之中也。設以冬至日躔移入子中。周天之星度皆亂。假擾天紀。是誰之咎。以陳徐二公之博雅。何誤會如此也。

校補 周天十二次有星紀等名。皆依星象而定。不可移動。二十四節氣。太陽躔度乃用歲差。歲歲不同。如七十年弱即差一度。七百年弱必差十度。歷久而相去逾遠。十二次名必與其宿一一相左。所以梅勿菴云。太陽過宮。必過星紀等宮。與星象相應。乃爲眞過宮。然過宮雖眞。又與晝夜平之春分。晝極長之夏至。晝極短之冬至。必不相符。遂不得不有天自爲天。歲自爲歲之說。以爲之權也。不知不用星紀等名。直以十二支紀節氣。段目雖至千萬歲亦無名實不稱之嫌。今本館製造區渾天儀。天盤十二宮但書十二支名及二十四節氣。其星紀等名一概删去。何爽如之。徵之西法。謂恒星東行。而黃道終古不動。亦合。

第四層子丑寅卯辰巳午未申酉戌亥。天之十二辰也。星紀元枵娵訾降婁大梁實沈鶉首鶉火鶉尾壽星大火析木天之十二次也。[校補]西法以磨羯寶瓶雙魚白羊金牛陰陽巨蟹獅子雙女天秤天蠍人馬名十二次日月之會是爲辰。日月之行是爲次。辰以界天。次以紀度。一順一逆。一動一靜。其位雖同。其用各異。西曆云。十二辰在宗動天。列宿東旋。有時而移宮。十二辰則亘古不移。按十二次當在列宿天。即黃道所經。七政所由也。列宿移宮。十二次之亘古不移。與十二辰同。[校補]十二次之實。固亘古不能移者。惟以星紀等名死繫之。亦謂亘古不移。則失之矣。與上文補注參看自明十二辰即天之十二宮。十二次即七曜之中道也。因中道難辨。標二十八星以識之。故謂之宿。宿次舍也。猶行次旅次。故曰次也。次與辰雖分順逆。其實次即在辰。辰猶郡縣

次猶山川。列宿猶旅館。旅館遷移。郡縣山川。不與之俱移。後世誤認歲差爲天日差移。謂天漸差而東。日漸差而西。是以有歲差不知。歲差係列宿東旋。天之十二宮與十二次則亘古不移。[校補]既知如此。猶死執星紀等名以爲十二次。良由不解所以命名之故耳。梅勿菴云。今考宮名。皆依天上星宿而定。非漫設者。如南方七宿爲朱鳥之象。故名其宮曰鶉首鶉火鶉尾。其餘各有取義日躔某節氣。必至某宮某度。亦亘古不移也。

[校補]地之十二宮。以十二支名之。天之十二宮。亦以十二支名之。其名雖同。其用各別。然天之十二宮以支名之。亦不過一符號耳。如推步家論十二宮。謂初宮一宮以至十一宮。無論何星。均以此數定宮位。是其證也。西法謂十二

宮在宗動天列宿東旋而此宮不與之俱旋前論太陽中氣過宮亦即過此不動之宮不必定候星象有合星紀等名乃爲過宮也磨羯等名亦係星象原與星紀十二次名異實同閱者幸勿歧視之

天盤中繪三垣宗動天也【校補】按儀象考成凡屬恒星俱有歲差可以隨時推測此謂三垣繫宗動天不與二十八宿同列後并注云列宿東旋三垣諸星不與之俱旋乃不知天文之臆說也勿信之繪二十八星列宿天也繪北斗大角天綱也星經北斗杓星與紫微兩垣門鼎足而立直帝星前運乎天中宰制四方爲天帝號令之主七政之樞機陰陽之本原也故建四時均五行移節度定諸紀皆繫於斗大角帝座也與斗杓相直【校補】按帝座在天市垣內此大角非帝座也謝氏因大角有天王帝庭之說遂以帝座目之誤矣又斗杓與招搖相直不與大角相直步天歌一顆招搖斗柄冲是也兩旁各有三星鼎足勾之名曰攝提直斗杓所指以建時節淮南子天文訓斗指子則冬至指癸則小寒指丑則大寒指報德之維則越陰在地而立春指寅則雨水指甲則雷驚蟄指卯而春分則雷行指乙則清明風至指辰則穀雨指常羊之維則春分盡而立夏指巳則小滿指丙則芒種指午則陽氣極而夏至指丁則小暑指未則大暑指背陽之維則夏分盡而立秋指申則處暑指庚則白露指酉則秋分指辛則寒露指戌則霜降指蹏通之維則秋分盡而立冬指亥則小雪指壬則大雪指子則陰氣極而冬至【校補】此引天文訓係逐句

節錄非原文也

北斗杓星。上接紫微垣帝星。下連大角一線直下。〔校補〕斗杓與招搖相直。已辨於上。又考淮南子時則訓有孟春之月招搖指寅云云。更足以證斗杓相直之非大角也。在天盤卯辰之間。〔校補〕謝氏撰此在前清同治甲子後。今按同治甲子恒星黃道經度表校之。北斗第一星在午宮十三度十七分二十秒。第二星在午宮十七度三十一分三十三秒。第三星在午宮二十八度三十三分五十八秒。第四星在午宮二十九度八分十五秒。第五星在巳宮七度零二十五秒。第六星在巳宮十三度四十五分四十秒。第七星在巳宮二十五度一分。○秒是北斗在天盤巳午之間也。乃云在卯辰之間。是誤會北斗在宗動天以爲亙古不動。而據上古星圖以言之也。如此認星。所論有何足憑。黃昏時必指地盤月建。如仲冬斗杓指子。冬至日躔箕初度。以天盤箕初度加於地盤戌之正中。斗杓恰指地盤子之正中。月月如此占候。無不準驗。天文訓指某云云。皆在每月戌時候之。所謂月月常加戌者。即此今之戌時。古之黃昏也。天元曆理以日入後至星現一二刻。謂之黃昏。若在夏至日入戌初。再一二刻恰是戌時正中。若冬至日入申正二刻一二分。〔校補〕四川資中冬至日入酉初初刻○分。此言入申正二刻一二分。是爲憲書北京日入時刻所誤。再一二刻尚屬酉初。以天盤箕初度加於地盤酉初初刻。斗杓尚指戌末。徐氏即以此刻候之。宜其以仲冬黃昏斗杓指戌末孟春黃昏斗杓指子末。而欲改易今之月建也。〔校補〕原本此有小注十七字。與文意不適。故刪去之。○宋太史沈括以其時日月五星二十八宿。皆不應天象。總由斗杓不當月建。須依歲差移易大改曆法。事事釐正始得。此乃誤認歲差并誤認斗杓也。校補沈氏誤執斗建非誤認斗杓斗杓下連大角左右各三星勾之正斗杓所指。以建時節嘗於夏至戌正初刻驗之。以斗杓從大角直下校補按彼時斗杓從招搖直下係黃道辰宮十五度四十五分三十八秒乃誤從大角直下則係辰宮二十二度二十一分十二秒此刻恰在正南午中夏至黃昏如此冬至黃昏斗杓之指子可知。因悟到列宿東旋。三垣諸星不與之俱旋。北斗附紫微垣紫微太微天市皆在宗動天亘古不移處。渾儀以宗動列宿分爲二重以列宿有差宗動無差也。校補此續注原本前後多鑿空語故只節錄中段以示不没作者之本意云云

校補按儀象考成北斗七星第一天樞第二天璇第三天璣第四天權第五玉衡第六開陽第七搖光。第一至第四爲魁。第五至第七爲杓。杓一名柄。合而爲斗在紫微垣門。開其杓與招摇相直。不與大角相直。步天歌一顆招搖斗柄冲是也。今以民國十三年甲子恒星赤道緯度表推之。杓之玉衡距北極三十二度三十七分開陽距北極三十四度四十分搖光距北極四十度十七分。必以北極爲天頂。而其所指乃與平分二十四方位相合。中國在紫微垣之南。仰而觀之斗杓與帝星距北極十五度三十二分並在天頂之北。欲求所指妙合地平。非按本地經緯以測算杓星經緯。蓋不能約略而得之也。雖史記天官書已有斗建之說。然謂

用昏建者杓杓自華以西南夜半建者衡衡殷中州河濟之間平旦建者魁魁海岱以東北則是衡亦可言建魁亦可言建而不僅一斗杓可言建也夜半亦有建平旦亦有建而不僅於初昏以覘建也其言甚圓而且各有所屬之地若鶡冠子斗杓東指天下皆春之類則又以大概言之耳乃淮南子天文訓執定斗指子則冬至指癸則大寒二十四節氣通以地平二十四方位限之又於時則訓有孟春之月招搖指寅仲春之月招搖指卯十二月同一例推遂逮後人以斗建定月之說論語行夏之時朱子集註謂以初昏斗柄建寅之月爲歲首也究與中國各地如法實

測者逈不相符猶謂北極之下總有此一地平或以赤道變時法爲例說亦頗有可通也試問歲差歷久斗柄必從之改度將有冬至不得爲子月孟春不得爲寅月者可乎不可又世傳斗指兩辰之間爲閏月地經三百六十度每月各指三十度以一節一氣輪之則交節之日無一不在兩辰之間固不待閏月而始然也閏月亦豈有死指兩辰間者乎凡此習見皆由覘天夢夢徒據斗建一言而捕風捉影一人倡之衆人和之儼然以斗建指月爲鐵案抑何不揣堯命羲和但舉中星斗杓乃至顯者也豈反略而不論呂覽月令較諸堯典更詳亦未語及斗杓可見杓之所

指非就地測算莫敢定評而淮南各說終亦話柄而已矣。七政流行皆隨天左旋一日繞地一周一時即移一辰由子而丑由寅而卯皆依十二時順地左旋其在天行度太陽日約一度太陰日十餘度五星或數分或數十分或百餘分皆循列宿道逆天右旋張橫渠云天行健一日一夜周三百六十度又進過一度日行健次於天一日一夜恰周三百六十度比天進一度則日爲退一度積至三百有六旬有六日天所進過之數恰周得本數日所退之數亦恰周得本數遂與天合而成一年朱子云進數謂順天而左退數謂逆天而右曆家以進數難算只以退數算之故謂之右行。

按朱張之所謂退數非退也不及乎天也昨日不及一度今日不及一度曆家即以此爲一度二度此所謂以退數爲進數也日月有進度無退度五星則有進有退有遲有留梅勿菴云五星之遲疾留逆漢以前無言之者漢以後語焉而不詳雖授時曆號稱至精於此亦未能深測至新法乃詳言之此今曆勝古曆之一大端也先哲云今人事事不及古人惟曆法遠勝於古人因古人所至又復精思故已到竿頭更能進步

校補 七政隨天左旋一日繞地一周一時即移一辰由子而丑由寅而卯皆依十二時順行此以赤道計時之平分法也渾天寶照并以爲到方法實誤又在天行度太陽日

約一度太陰日十餘度。五星或數分或數十分。或百餘分。皆循列宿道而右旋謝氏所言亦僅黃道經度未嘗論及緯度也緯度出入黃道南北除太陽而外太陰五星皆有之。不論緯度不能決其果到與否所以本館曆書經緯並推用法先檢本日某星經度安上區儀天盤即以緯度尺直切其上南緯則向外加北緯則向內減應加應減若干度。按本星緯度取之以視天盤經緯下臨地盤兩種曲線。一到方線一命度線。則照曜瞭如指掌考諸實測能與所在地平一點不差。初不似俗術平盤之僅用經度而已也。

黃氏炳垕五星順逆遲留說云西人舊術推五星各有本

輪均輪次輪本輪心右旋於本天周均輪心左旋於本輪周次輪心右旋於均輪周星右旋於次輪周三輪大小每星不同次大於本本大於均其大較也星在次輪上弧其行與輪行相從則爲順爲速星在次輪下弧其行與輪行相反則爲逆爲遲在次輪之兩旁星雖行而自地面視之不見其爲行則爲前留爲後留上下兩弧皆非平分上弧常多下弧常少因五星距地各有遠近而次輪又各有大小也多祿某首創其說第谷改定其數曆象考成采用其法矣然行度雖合於垂象而諸輪俱由於虛設藉以推步度數期與實測相符而已明正嘉時西士加利阿歌白尼諸人精推天行知金水二星繞日軌道倘與

虛設夾輪之象相似。以其在地球行道之內也。土木火三星行道在地道之外。雖繞日東行星與地同而星遲地速。厥象殊焉。嘗測星與地對衝前後自地面視星爲順爲疾。過此則由疾而遲而爲前留矣。星與地同度前後自地面視星爲退爲留。過此則由順而遲復爲疾行矣。究之五星無時不順行平行也。人見爲留逆遲速者。因地球不在星道之心。又行於本道生諸視差故耳。此說行而一切推步。悉本於實象。究其所得之數與舊法相同而加密焉。愈以見輪法之巧合而曆學之久而彌精云。

七政四餘。已辨勿用 校補 四餘天道之流行而賦物者也。顧恒星可繪流行者不可繪。法以白芨搗碎蒸熟拌宮粉搓作長條。如筆管大小。用薄刀切成餅如棋子狀。乾而堅白如玉。取十一枚。分書日月木火土金水炁孛羅計字樣。按宮曆某日某曜在某宿某度。即以某字樣加於天盤某宿某度。既便轉動亦易認取。或每枚剪細銅絲寸許橫貫作柄。用時以柄加度不致擠壓尤妙。

道光二十二年十一月乙丑午正一刻冬至。是夜以寶照觀星。太陽箕初度。太陰柳十二度。木星斗十七度。火星角六度。土星斗七度。金星斗十二度。水星尾九度。紫炁虛九度。月孛危十七度。羅睺井九度。計都斗二度。逐位照此列

於天盤各度。此在子時正初刻。以天盤日躔所坐之箕初
度加於地盤子之正中。太陽與水星到地盤子方。土計到
壬。金木到亥。火星到寅。紫炁在戌。月孛在辛。羅睺在丙。此
刻太陽及五星俱未出地。惟太陰在辰巽之間。視天上之
月亦恰到辰巽之間。又此刻天盤日躔對沖之參宿。正到
地盤午方。視天上之參。亦恰在正南午方。與觜井昴畢爛
然並陳。雞鳴時以天盤箕初度加於地盤丑之正中。[校補]雞鳴
不定係丑正。太陽水星到丑。土星到癸。金木到子。火星到卯。參
橫於未。月到丙方矣。平旦時以天盤箕初度加於地盤寅
之正中。太陽水星到寅。土星到艮。金星到丑。月過午中。火

在辰方出地。與大角爭明。北斗橫天。觜參欲卧。令人想見
羅浮酒醒。斗轉參橫時。學者倣此逐時旋轉。則星漢升沉
隨時可測。
[校補]追用彼時資中區渾天儀考之。道光二十二年乙丑
午正一刻冬至。是夜觀星。太陽箕初度。太陰柳十二度。木
星斗十七度。火星角六度。土星斗七度。金星斗十二度。水
星尾九度。太陰五星緯度均未詳。紫炁虛九度。月孛危十七度。羅睺
井九度。計都斗二度。逐度記於天盤子時正初刻。以天盤
太陽箕初度加於地盤子正初刻。太陽到地底子方。此不
差者。水星到丑。土星到戌。計都到乾亥之交。金星木星到

辛。火星到卯。紫炁月孛到酉。羅睺到辰。五星俱未出地。雖差不可考也。而太陰當在卯乙之交。彼用平盤乃謂在辰巽之間。視天之月亦恰到辰巽之間。何其盲指太甚。至以箕初度加於地盤丑之正中。五星與太陽亦未出地。而太陰到辰。彼則以為到丙矣。惟箕初度加寅正中。火星恰到辰方出地。然亦偶爾相合。非有一定之把柄也。

校補區渾天儀圖。此圖係按四川省北極出地〣〇度〤〢分所繪他處不能通用。

區渾天儀即西人利瑪竇之渾蓋通憲儀也。法據各地平北極高度用弧三角術算合立命到方弧線無絲毫之差。絕不似渾天寶照之平分不準也。

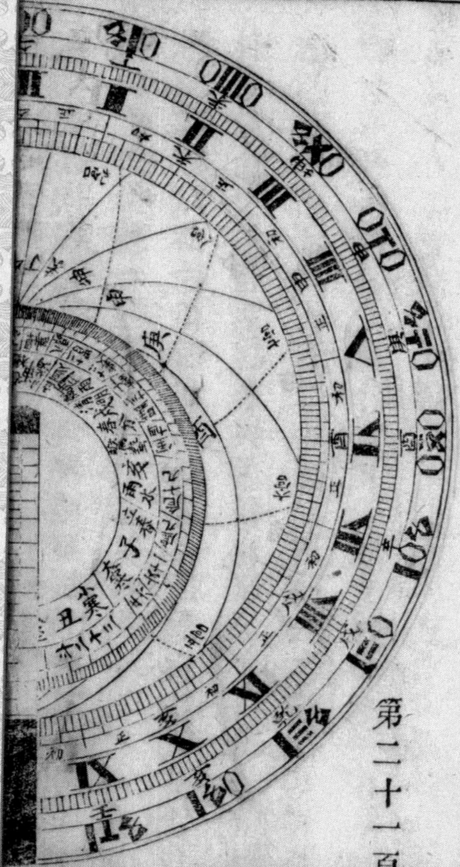

第二十一頁

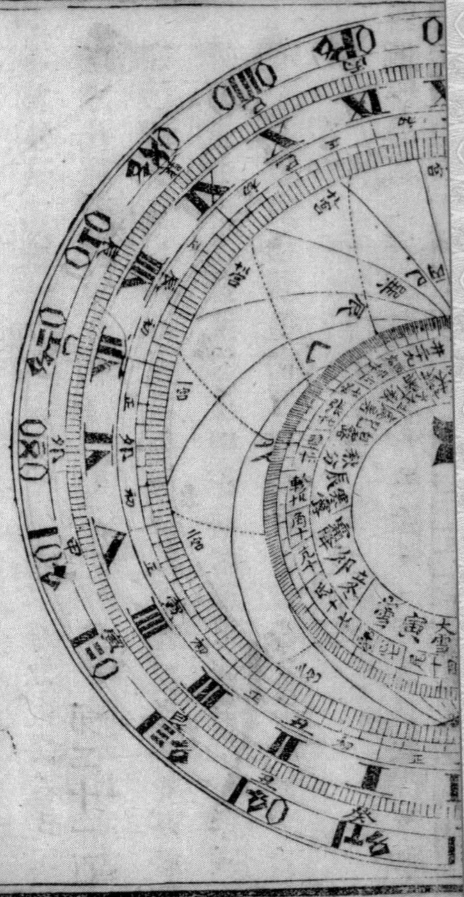

說明凡十三則

一地盤外一層。從午正起初數。分偏東偏西至子正各一百八十度。此地平經度之紀數也。

二地盤外第二層分二十四方位。即地平方位。與羅經式同。

三地盤外第三層分三百六十度。係地平經度。爲測算所需。如已造成儀器則不用之矣。而所以必紀之者。本館羅經扞向以此地平經度爲準。與舊傳用宿度者有別。於儀器亦紀之。將以祛舊傳宿度之惑也。宿度在天不在地。一言可以立悟。（總一二三三層是爲地平盤）

四地盤外第四層從丑初起一點。至午正爲十二點。從未初

起一點至子正爲十二點用鐘式符號字此「一日二十四
小時之數也。
五地盤外第五層作有初正字即每一大時又分二小時之
符號也每時之初初刻初一刻初二刻初三刻爲上四刻
正初刻正一刻正二刻正三刻爲下四刻。
六地盤外第六層分一日十二時爲九十六刻每刻作三格。
每格係五分三五一十五分即一刻也（總四五六三層
是爲時刻盤）
七地盤內二十四方黑色弧線即七政到地平方位之界線
也以七政在天盤某宿某度旋轉到某線即知某星到某

方注有丙午丁二十四標識。
八地盤內十二宮紅色曲線是爲命盤十二宮注有一二三
四等十二宮字號以七政天盤某度旋轉到某線左右均
分即知某星到某宮。
九地盤十二紅線之一七宮線是爲地平線天盤某星度轉
過一宮之線即出東地平轉過七宮之線即入西地平
十天盤分十二宮宮分三十度共三百六十度紀以二十四
節氣及二十八宿凡日月五星躔於某宿某度均按曆加
於天盤而旋轉一周即一晝夜之天象也
十一凡定時刻以本日太陽躔度旋轉十二時一時析八刻一

刻析十五分。均取緯尺按天盤太陽度上。直指地盤之時刻盤爲準。

十二太陰五星均有南北緯度法。以緯尺加於本星度上。按曆係南緯若干度則向外取。係北緯若干度則向內取。以審到宮到方之早遲。

十三緯度尺以五度作一小格。十度作一大格。用時約計之可也。或分細度爲一百二十一度更便於用。

以上十三則。係指明入手用法。其取動靜兩盤成格成局之妙用。已散見校補各條。神明變化。存乎其人。所有製造儀器一法。尚俟續刻。此集未能備述也。

第三卷終

校補天元選擇辨正卷之四

資中謝鄉癯一園氏輯　王元極校補

華陽天昌舘周宗璞叅訂　楊天佑繪圖

候星瑣言

囊讀天元歌。意有所觸。輒隨筆錄之。後因附記於各節之下。以便檢閱。非爲天元作解也。其不盡者。另爲一册。命曰候星瑣言。候星也。爲造福言。是用不憚於瑣。候星之法。唐虞三代之法也。羲和仲叔。校補 原本作汝羲暨和未適謹正之 候星之官也。璿璣玉衡。候星之器也。用旦用昏用日中。候星之時也。俟天休命。周書紀之。定之方中。衛詩咏之。日中日昃。春秋書之。言兵言造言葬。皆候天星也。青囊經之天光下臨。葬書之藏辰合朔。果老之恩用難忌。楊公之用元宮主賴太素之天皇紫微。吳景鸞之天河轉運。冷無極之洞天秘錄。劉青田之佐玄直指。皆候星之法。雖在術家。實唐虞三代之舊法。

候星雖唐虞三代之法。實萬世不易之法。攝天上之精氣。返地中之元陽。舍此一法。並無二法。故自秦漢魏晉迄唐宋元明。凡屬明家。皆用之。乃曆官失學。謬以術數禁忌之例。竄入曆書。候星之法。遂壞。國初蔣中陽先生際日月光華之盛。覩星雲爛縵之奇。作天元歌表章之。使唐虞三代之法。復著於人間。直不愧一代宗工。千秋圭臬也。學者欲精其義。惟將渾天寶照。著實研求。不惟深悉候星之法。將以此知天文。並以此知曆法。且將闔淨世界一箇牢不可破之疑團打得粉碎。心目間絕無神煞觸犯之虞。足稱一時快事。

校補 候星爲天官大典。代有專司。固非術家禁忌之類也。然漢以前之書。已久無專門可考。所謂唐虞三代之舊法。亦不過經傳中尚有空文垂世耳。惟自三統四分諸曆。代興以來。立法十三家。曆凡七十改。至元郭太史以授時集其大成而明之。大統曆因之。逮乎末祚。歷久漸差。乃用西洋湯若望等更定新法。未及施行而社稷其屋。清初定鼎。頒行時憲。即以明遺新法爲準繩。其後定有曆象考成上下編及後編。皆取西法以爲中法也。故生今日而欲眞候天星。必盡推步之工夫。必精實測之器具。而俗傳渾天寶照。死板平分。未望天星門徑。謝氏好爲談柄。目中只蔣子一人。所見抑何小哉。

擇吉必候天星。取其精光燭照。下徹重泉。以助地中生氣也。凡兩星相拱相夾相合相對。便能合光。日月有光也。木火有光也。金水有光也。水木有光也。土金有光也。木炁火羅土計水孛皆有光也。校補炁羅計孛皆有度無星。無星何得有光。已辨勿用。一日之間神光離合。靈氣往來。眞如山陰道中。目不暇給。若値三星四星五六星合格成局。尤覺精彩煥發。光燄燭天。坐向得此。不惟神迎鬼避。煞沒陰消。而迴光自天返氣入地。將氣以含光。光以孕氣。斯卽葬乎天地之交之中。靈以此鍾。秀以此毓。得氣受蔭。以影隨形。

七政四餘。無論爲恩爲用爲難爲忌。但得合格成局。必有一點精光收翕融聚。下注於所照之方位。或凝土皮。或浮草際。大者盈尺。小者徑寸。如珠之彩。如玉之輝。因其聚散無常。往來不定。故謂之靈光。近有望靈光者。於地之結穴處。距一里半里。凝目注視。見有蓬蓬如釜上氣者。蒸於地面似霧非霧似烟非烟風吹不動雨搖不散以爲靈光此生氣非靈光也靈光只有一點生氣卻是一團靈光之照耀鮮明並不是氣生氣之絪縕團結絕不現光靈光成於天移時即散生氣出於地經久猶存但生氣易見靈光難見非有慧眼慧心未易睹此惟不易見是以有候星之法法在自星在星在自光在渾天寶照一造命中之正法眼藏也

校補 按天元歌既重恩用難忌務要分明以決去取而此又云無論爲恩爲用爲難爲忌但得合成格局即有一點靈光下注實與天元宗旨相反本館選擇必五星並用之局乃不以恩用難忌爲拘否則不能强取也

日爲羣陽之精月乃衆陰之長光華復旦勝於五星爲諸福之首若春之金土秋之水木夏之金水冬之木火與之合格成局則星得日月彌增照耀之光日月得星益顯陰陽之用故日月輔恩用恩用輔日月天元歌謂之交受其格尤奇日月星辰無時不有精光下注山林原隰無處不有靈氣往來無所綢繆遂漸移而漸散有所承受斯愈久而愈新故曰隨天而行凝地而應天機素書專用五星四餘初不拘太陰太陽天星秘竅則專候初出地之太陽與對望之太陰惟天元歌兼取並用將日華星爛併作一團俾天光

下臨。分外鮮明分外精彩候星至此前無古人後無來者。校補天元歌長於說理以立候星之體短於製器以備候星之用即渾天寶照與匾渾天儀相較孰陋孰精人人皆可立辨謝氏以為前無古人後無來者豈知言哉。

精光翕聚必得日月五星成局成局必會三星四星五六星兩星雖不成局尚能合光。校補能得兩星一恩一用即是成局勿太苛求。一星孤行精氣便減太陽與五星成局一日中二十四山皆可通用若太陰與日星成局則惟此一時到此一山蓋太陰日行十二三度或十四五度有奇一時必移一度先一時則局尚未成後一時則其局已撤未成則光華未聚已撤則精力必衰。

太陰與日星成局、如第三卷冬至夜半一局因葬丑山未向地。夜值星月故以寶照觀之冬令用火恩星窩遠取日月輔之太陽距火星六十三度。校補太陽箕初度火星角六度相距六十三度時以木星為恩在斗十七度故云窩遠。必候太陰距火星亦六十三度此局方成。用巳時初三刻七分太陰行至星一度與太陽相距之度適均日月輔火正到未向對照丑山日在巳月在酉三合照山故吉又火羅二星相距一百零六度。校補羅睺井九度與角六之火星相距一百零六度。原本作相距一百一十六度誤矣。次日寅時初一刻。太陰行至張一二度間。適當二星之中成福星輔月一局此刻太陰正到丙方。若係壬山丙向取火羅輔太陰到向對照壬山火在乙。羅在坤。又三合照山吉格也。此候太陰成局必此一時。行至天盤此度轉到地盤此山其局始成。前一時及後一時皆短長多寡不稱。故曰論宮論度要平分也。

校補 七政到方並隨各地平偏差不等。此言太陽與五星成局。一日中二十四山皆可通用所用渾天寶照與膠柱鼓瑟者何殊。至謂太陰與日星成局一日只此一時到此一山。頗似得訣而按實校之。亦有毫釐千里之誤。如日月輔火星到未向一局。太陽箕初度用巳時初三刻七分。太陰行至星一度。緯度未詳下倣此各距角六度之火星六十三度。以及火羅相距一百零六度云云。不過天盤段目如是耳。

今追用彼時貲中圖渾天儀考之。前清道光二十二年壬寅日月輔火星到未向一局。乃火星到坤已過未向。太陰過酉已到辛方。只一太陽在巳。有何取乎。又火羅輔月一局。太陰張一二度。尚在巽方隅一位。未至丙也。火星雖在乙而井九度之羅星已過坤越申庚而到酉矣。懸象著明。敢作如此僞法。而且後先一揆。奉若師承。是天下古今之不少瞽目人也。天學豈易發明哉。

日月三合佳格也。太陰與太陽每月必兩次三合。上弦後東距太陽一百零五度至一百三十五度。內皆成三合。下弦前西距太陽百三十五度至一百零五度外。亦成三合。所謂三方合照繫相隨也。當其成局時。二十四山皆可通用。是三合一局。較之日月同宮日月對照尤易於成而便於用若四時用星與之合照。即日月之氣亦隨之而合爲一氣。合火即成火局。合水即成水局。合金合土合木皆然。日月三合星家最重者以此。

合火即成火局。如前丑山未向一局。日月輔火即是火局。日在巳月在酉三合丑山是巳酉丑合成火局也。壬山丙向一局。火羅輔月。自是火局。火在乙羅在坤。三合壬山是坤壬乙合成火局也。蔣子作子山午向一局日月輔火羅亦是火局。日在辰月在申三合子山是申子辰合成火局

也。世俗不知三合在天盤之日月星。與地盤所坐之山相合。徒索之地盤成局之方位。及年月日時之干支。以某爲水局。某爲火局。某爲金局。木局。是謂還其珠而買其櫝。

校補 太陰與太陽每月兩交。三合上弦後東距太陽一百零五度至一百三十五度內能成三合。下弦前西距太陽一百三十五度至一百零五度外亦成三合。此係天盤段目之三合。非地平實測之三合也。誤用平盤者。以天盤段目加臨地盤以平對平。遂謂每當三合成局。二十四山皆可通用。抑何不思黃道斜交赤道而出其內外。自地平以視日月。必無平分天象。而乃死執段目之不悟乎所引日

月輔火火羅輔月及蔣子作子山各局已用區渾天儀力辨於前可不贅叙惟合火即成火局合水即成水局一說眞星家打破天荒之言然與干支三合相較彼又別有取義自當分道揚鑣不可執此以爲例也

七政四餘成局必各從其類日月爲一類五星爲一類四餘爲一類紫炁於木羅睺於火計都於土月孛於水又自爲一類取其相夾相合四餘不得與五星並五星不得與日月並猶之尊卑貴賤各有等差也如冬令作子山火星到子太陽到辰太陰到申是日月與福星三合也若係辰山取太陽到山以火星與太陰在申子合照不成格局矣夏令作午山取太陰到午金星到丙水星到丁夾之即金水月相逢吉局若以孛星到丁與金星並夾不成格局矣

按昔人有渾天開寶鑑金水月相逢之句蓋舉夏令一局以概其餘後世莫得其解或以爲山或以爲水或以爲年月日時之干支盲指瞎猜百無一著而不知實有渾天寶鑑實有一金一水一月相逢於所作之方位而燦然可指也【校補】此句原本未適謹更正之竊歎古人之法滅裂於僞書謬解者十常八九習者不察往往承訛踵謬以僞亂眞不惟將古人心法盡付東流亦且自壞技藝貽禍蒼生也學者愼之

【校補】四餘已辨勿用但用日月爲一類五星爲一類可也

然有時不能分類能得恩用與日月互相調濟亦可取之蓋候星所以候其光也所以候其光之合照而精力彌厚也。即如冬令辰山取太陽到辰太陰到申火星到子雖非日月輔火星之格局而太陰火星未必不與太陽合光也俗術死執平盤所取不盡眞到以爲成格成局而反不合光是又不如礄用區儀之或匪格局猶有晶晶注射而不爽者矣。

七政四餘皆隨天左旋。校補四餘無星有何物隨天左旋以及下段論恩用難忌多雜四餘均勿用爲是。斜轉上下爲出入自東而南而西皆出地上自西而北而東皆入地下。蓋日行黃道月五星傍黃道又出入赤道行赤道北。出寅甲入辛戌。行赤道南。出乙辰入申庚。自日校補行黃道以下原本作小注。此易爲正文。承上起下。尤明晰之至。是乙辰至申庚諸山只可到山。不能到向。到向已入地下也。辛戌至寅甲諸山只可到向不能到山。到山已入地下也。地下之星。必不能照地上之山亦有取其在下暗助者。必上有拱對合照之星。於法始合拱對合照。冬令作子山。太陰到午。火星到寅。羅星到戌。雖火羅夾照子山。尚未出地。却與太陰三合。太陰對照子山與火羅合成一氣。自火羅之氣亦到子山。所謂迴光返照也。若太陰亦在子山。雖火羅隔宮相夾成局。却伏於地下。近不照山。遠不照向。此造物有餘不盡之藏。留之可也。

校補太陽行黃道。太陰五星傍黃道而行。黃道又出入赤道南北。而斜轉以出入於地平。此所以必視本地北極高度。以為到方偏差之一大樞紐也。謝氏已知七政斜轉。而不明算法。莫可如何。遂以平分解之。謂行赤道北。出寅甲入辛戌。行赤道南。出乙辰入申庚。以為天下必歸一律也。而不知乙辰申庚辛戌寅甲八方位。雖當七政出入之門戶。亦自有各地各節視差不同。但非測算家及有扁儀者不能碻得其數耳。試以四川省城太陽測之。冬至出辰初初刻○分。偏卯正南二十七度三十四分七秒。是當辰方九度五十五分五十三秒也。入酉初初刻○分。偏酉正南二十七度三十四分七秒。是當申方九度五十五分五十三秒也。夏至出卯初初刻○分。偏卯正北二十七度三十四分七秒。是當寅方五度四分七秒也。入戌初初刻○分。偏酉正北二十七度三十四分七秒。是當戌方五度四分七秒也。辰申寅戌計度之法。均依地經度計之。下倣此。又以北京太陽測之。冬至出辰初一刻十分。偏卯正南三十一度十五分十九秒。是當辰方六度十四分四十一秒也。入申正二刻五分。偏酉正南三十一度十五分十九秒。是當申方六度十四分四十一秒也。夏至出寅正二刻五分。偏卯正北三十一度十五分十九秒。是當寅方八度四十五分九秒也。入戌初一

刻十分偏西正北三十一度十九分十九秒是當戌方八
度四十五分十九秒也觀於此而知兩地比較細度彼分
且見寅戌不只到向必有地有時可以到山乙庚不但不
能到向必有地有時山亦不能到矣乃吾鄉之人每以北
京太陽出入誤為本地太陽出入並不知太陽出入時刻
之必隨地而異也又何出入方位之能辨哉
星家以五星四餘有吉有凶天元歌則以恩用為吉難忌為
凶蓋五行之氣火羅純陽木炁次之水孛純陰金土次之夏
令陽氣已極宜濟以陰故金水為吉火土為凶冬令陰氣已
極宜濟以陽故木火為吉金水為凶春分前陰氣未盡宜兼

陽星故火土為吉水木為凶春分後陽氣將盛宜兼陰星故
金土為吉木火為凶秋分前陽氣未盡宜兼陰星故水木為
吉金土為凶秋分後陰氣將盛宜兼陽星故木火為吉金為
凶是吉凶隨時變易不可執定某為吉星某為凶星也
星無吉凶陰陽相見則吉陰陽相乘則凶世俗以五行論
生尅以生山命為吉克山克命為凶或以生宮辰者吉克
宮辰者為凶又以每歲當各化一曜化曜吉者為吉化曜
凶者為凶總由未得青囊正訣故東擬西猜一法不靈又
創一法但取其數之牽合不顧其理之是非宜其所定吉
凶百無一驗也學者掃除一切惟按四時取恩用日月照

穴以救二氣之偏使陰陽相濟穴中得冲和氣自無不吉

校補 按褚少孫補史記漢武帝問娶婦日諸家言吉凶辨訟不決以狀聞制曰避諸死忌以五行爲主人取於五行者也是則今之術士有以五行論生克者由來已古自屬干支一家之言不與天星相涉不必過爲闢之可也若用天星又兼論生克宮辰以及隨年化曜則失之雜矣前第二卷已有力辨化曜之條茲惟申論生克宮辰之僞所謂宮辰者即天盤之十二宮辰也俗術星盤五行子丑屬土寅亥屬木卯戌屬火辰酉屬金巳申屬水午未屬日月一名果老五行假如子丑二宮立命則以火星生命宮爲恩星木星克命宮爲難星此以宮辰與星較論生克之大略也其餘可以類推又有不知立命但以天盤干支屬之生人年命干支以取命主星者較星盤五行更膚淺無味不有謝氏掃而空之若輩之害道不識如何而後已乎

用星雖辨天時亦詳地理如江畔湖濱卑下低濕之所水氣自盛勢必用火若僅於冬令取火羅到山此時兩間水氣正旺自穴中濕氣亦旺恐火不勝水宜在春分平氣時專用火羅庶與穴中純陰之氣相稱而冷氣自消若崇岡峻嶺高燥乾澁之區火氣自盛勢必用水若僅於夏令取水孛到山此時兩間火氣正旺自穴中燥氣亦旺恐水不勝火宜在秋分

平氣時專用水字庶與穴中亢陽之氣相敵而燠氣自除至深林密簣之中木氣自盛宜用金土若依春令用金土到山則天地之木氣與山間之木氣交旺金土或不能敵宜在季夏土旺金生之際取之照穴斯土木平而無偏盛之患若有金銅鐵銀等礦金氣自盛宜用木炁若依秋令取木炁到山則天地之金氣與山間之金氣交旺木炁終不能勝宜在季冬木炁將生之際兼用火羅斯金木平而無獨弱之虞只此一抔之土而有水火木金之別五行即在目前人人可見此之謂地理

凡山皆土也古人別以二十四名不過爲辨方計有何五行可推壬子癸在北以北方屬水非此數字即是水丙午丁在南以南方屬火非此數字即是火甲卯乙之在東方庚酉辛之在西方無非辨方之字後世誤以此等字即爲水爲火爲金爲木斤斤焉檢年月日時之干支生之合之佐之輔之以爲相龍補山及知不驗又別創爲雙山六合納音洪範等種種五行姚秋農先生云此輩東牽西掣總由生克二字橫梗胸中用之不靈不得不多爲之途以求倖中要之葬者皆土春從木論夏從火論秋從金論冬從水論者天道也卑下爲水高燥爲火近林屬木近礦屬金者地道也何俟索之干支以求五行哉

校補此辨五行一主天道一主地道自是篤論天星家自當宗之然得此一說遂詆方位五行爲烏有亦不免矯枉過正之弊曩讀地理辨正曩有論羅經之制一段理頗純正謹節錄如左以見二十四山之不僅爲辨方字號也

榮氏錫勳曰羅經之制本於十二辰位子午卯酉得一九三七之陽數而居四正寅申巳亥辰戌丑未得二四六八之陰數而居四隅隅數奇故各主其一陰數偶故各主其二然此正隅雖定而八卦分布三爻互成則十二支辰不足以盡八卦之數於是取一六壬癸以輔子二七丙丁以輔午三八甲乙以輔卯四九庚辛以輔酉五十戊已歸中以立極又取乾六巽四坤二艮八列於四隅以補爻神之不及合而言之天一生水坎爲水之位故子居正北癸得地六之陰水之柔也故次於子水盛必流得土則止丑者土之柔也故次於癸艮爲山土之剛也故次丑而居東北土合氣化而生木寅爲稚木故次於艮甲得天三之陽木之剛也故次於寅震者木之位也故卯居正東乙得地八之陰木之柔也故次於卯木非土無以生辰爲陽土之稚故次於乙木至夏始壯故巽爲旺木而居東南旺極則生火巳爲火之初氣故次於巽丙得天七之陽火之剛也故次於巳離者火之位也故午居正南丁得地二之陰火之

柔也。故次於午。火旺必有止。將以生土也。故未土次於丁。坤者地之體。土之正氣也。故次未而居西南。土旺則生金。申者金之初氣也。故次於坤庚。得天九之陽金之剛也。故次於申。兌爲金之正位。故酉居正西。辛得地四之陰金之柔也。故次於酉。金非土無以成。戌者土之成氣也。故次於辛。金盛而後化。故乾爲旺金而居西北。旺極而化成。將以生水也。亥爲水之初氣。故次於乾。壬得天一之陽水之剛也。故次於亥。由是方位既定。三八配成。而羅經之制明矣。

嘗得一預先選擇法。記己亥。〔校補〕即前清道光十九年 四月西牕無事。偶檢曆書。因即五月初旬推之。初一日子正初刻。太陽畢十三度。太陰昴八度。金星井二十三度。水星亦昴八度。孛星角七度。時當夏令。木炁火羅土計。均須避去。惟以水孛爲用。金星爲恩。亥時正二刻十二分。太陰行至畢十三度。日月合朔。雖金水輔之。短長不稱。不成格局。初二日太陽金星各進一度。水星進二度。太陰酉時行至參十度。若在庚山用酉時初三刻。取太陰到山。金水輔之。即金水月相逢也。初三日太陽金星各進一度。水星畢四度。亥正三刻。太陰至井十四度。成金水輔日月吉局。然伏而不見矣。初四日太陽金水各進一度。子正初刻。太陰在井十五度〔校補〕原本此節無時刻及太陰度與下句不適謹補之 金水輔日月到子。但伏於地下。三方無拱對合照之星。不可用也。初六日太陽金星各進二度。水星進三度。太陰巳時至柳十三度。若在卯山用巳時初三刻。取太陰到卯。水星到巳。孛星到丑。以福星輔太陰到山。佳格也。學者倣此按宮曆逐日推查看某月日成何格局。某時刻到何山方。用朱墨標記。以便檢用。則風簾月牖之間。鉢花盆石之側。焚香瀹茗。轉斗移星。既可觀象。又可消閒。亦書齋清玩之第一雅事也。

世俗多久殯不葬。詢之。曰無吉日。若解候星之法。或取日月。或取恩福。或取恒星。吉日不可勝用也。夫人子於親之喪。斂手足形還葬。斯之謂禮。若久殯不葬。待其血肉消化。筋節脫落。然後入土。反之此心。已不能安。况魄肉既降於其地。又還骨而他葬之。是使其親之骨肉異處也。人子之心。其何以忍乎。洞天秘錄云。人生十月而胎成。人死十月則髓竭。果得吉地。貴乘初喪急葬。使接續生氣。以返元陽。如接木然。須乘新剪。若經宿氣散。便不能活。葬法七日內最佳。七七猶可。若遲至一年二年。則骨髓既竭。雖有吉地。無能為矣。世之為人久殯者。豈真無吉日哉。操術未精。選擇之道未得也。

校補 預先選擇法。記前清道光己亥年五月初旬各例。係用平盤。學者倣而求之。數十年來。不知遺誤天下幾人矣。今追用彼時貲中匾渾天儀。逐一考核如左。惟未詳彼時

太陰五星之緯度爲憾耳
初一日子正初刻太陽畢十三度太陰昴八度金星井二十三度水星亦昴八度至亥正二刻十二分太陰行至畢十三度日月合朔到地平亥壬之間金星到戌偏乾水星到子初固與平盤所測同是短長不稱而所到之方則必有異於平盤者也平盤此刻日月到壬偏亥金星到戌正水星到子偏壬然此兩法即可對較而金水日月皆伏地平下亦無能以實測證之
初二日太陽畢十四度金星井二十四度水星畢一度至酉初三刻太陰行至參十度到地平辛方太陽亦同到辛又金星到酉偏庚水星到辛戌之間是辛山兼酉可取金水輔日月也平盤以爲太陰到庚山取金星到坤水星到辛左右隔一山夾照名曰金水月相逢而且遺却太陽不問其雜在水月之間並不知此局只水星將入地平而日月與金皆懸象在天一望可以實測者也
初三日太陽觜初度金星井二十五度水星畢四度至亥正三刻太陰行至井十四度乾山兼亥得金水輔日月吉局初四日子正初刻太陽參初度金星井二十六度水星畢五度太陰井十五度壬山又得金水輔日月吉局此二局皆伏地下三方無拱對合照之星不可取用平盤已言

及之。其以偏儀相較。雖有偏差。而地底無從實測。略而不辨可也。

初六日太陽參二度。水星畢七度。孛星角七度。至巳初三刻。太陰行至柳十三度。到地平甲方。水星到乙。孛星到寅初。而太陽則在卯方。將近乙方之二三度間也。乃用平盤以爲太陰到卯。水星到巳。孛星到丑。在卯山取用。並未聞及太陽所到。何異隔靴搔癢。猶自詡爲操術之精。選擇之得道也。狂瞽亦何甚哉。

恒星之吉者莫大於帝星。星經【校補】原本作天官書。按下所引本出星經。而小易其文。非天官書也。謹以星經易之。紫宮內天樞五星。第二座明而赤者爲天帝星。此太一之座。天神之最尊貴者。帝星與斗杓相直。天市垣帝星在左。太微垣帝星在右。大角帝座居中。【校補】誤以大角爲帝座。已辨第三卷內。此天市垣帝星。太微垣帝星。乃眞帝座也。不可單稱帝星。致與紫微垣帝星無別。星家最重斗杓所指。謂之天罡。理數家謂天罡指處。眾煞潛形者。以帝星齊見也。寶鑑篇云。尊星在座。諸吉莫不趨承。帝曜臨垣。群邪自當退避。尊帝即天神之最尊貴者。非二星也。遂時以天盤旋轉隨斗杓所指之方用之。諸事咸吉。

帝星。天帝星也。俗術傳會支離。殊覺可笑。謂帝星在紫宮內。遂有以紫炁爲帝星。木星爲尊星者。謂帝星即北辰。又有以北斗爲帝星。南斗爲尊星者。謂帝星爲太一。恒下行九宮。復有年月日時干支飛行九宮。謂之帝星。其對宮爲尊星者。惟漢書王莽傳天文郎按栻於前。莽旋席隨斗柄而坐。爲眞知帝星第。欲藉此以制漢兵。謬妄亦甚。然以此制煞。則實有奇徵也。或謂以入間瑣屑事。動用帝星。似嫌褻瀆。聞明時有載重貨至都門者。心憂雨厰之擾。不敢入。或告之曰。某日爲當出若輩必斂。乘此入城。保無事。客從之。遂入。善哉謀乎。即用帝星制煞。故智也。藉天子之靈。制群小之肆。天子不及知。群小不之覺。所謂以不用爲用也。不用之用。正妙於用。何嫌褻瀆哉。

校補 斗杓指月。固非確言。前第三卷內有論斗建一條已。力辨。勿用。然取斗杓所指以舉百事。又屬恒星莫大之吉也。按世傳月月常加戌時。時見破軍之訣。謂破軍即北斗第七星。乃術家所擬。北斗本無破軍一名。習此訣者每云北斗所向在辰。所指在戌。但以戌加月建。數至用時。或月將加時。數至辰止。即能得其所指之方位。亦不過大概言之耳。蓋北斗第七搖光星。現（民國十三年甲子）距北極四十度十七分。在中國天頂之北。指到地平。偏差極大。非實測杓星經緯。以算合本地經緯。萬難一線不差。徒執呆板之法。無益也。其測杓之所指。必以搖光直對招搖爲主線。視本地北極高度。按現測招搖赤經卯宮七度十六分十二秒緯北三十八度三十七分十秒。黃經辰宮十六度三十七分三十八秒。緯北四十九度十分二十六秒。以弧角術求之。方位時刻自見分秒悉合。或依算法製造活圖尤妙。

列宿爲黃道之所經。七政之所由。固與恩用日月同到山方者。其星亦不可不悉。按星經角爲天關。又名天相。金星也。亢火星。氐爲天府。土星也。房爲明堂。一名天駟。又爲天倉。木星也。心火星。中央大星帝星也。校補管窺輯要云心三星中一大星曰明堂又曰中央大星天王正位謝氏遂以帝星目之致與眞帝星相混且言帝星有五曰紫微常居太微聽政天市治國大角主新政心主見於天根其說亦甚不經也勿用爲是尾爲九子。水星也。箕金星。斗爲天機。亦曰天關。南二星爲天梁。主兵。中二星爲天相。主爵祿。北二星爲天府。主壽命。木星也。牛亦木星。女爲少府。主嫁娶。水星也。虛爲塚墓之官。主覆藏。亦水星。危主天府。亦名天市。土星也。室曰營室。主土工事。木星也。壁爲圖書秘府。主文章道術。土星也。奎爲武庫。金星也。婁主苑囿。土星也。胃爲天庫。亦爲天倉金星也。昴水星。畢爲天馬。爲雨師。水星也。觜主寶貨。金星也參名天鉞。亦名天市。爲忠良謹孝之子。亦金星。井名天池。亦曰天府天關。水星也。鬼土星。柳爲天厨。主燕享。火星也。星爲天庭。爲文明之會。羽儀之所。水星也。或曰火星。張爲御府。亦曰天府。火星也。翼爲天之羽儀文物聲名之所。土星也。軫爲天車。主任載。火星也。或曰水星。校補按此只舉二十八宿未能遍及諸恒星閱者欲求其

（全論星座當據儀象考成論古凶當參管窺輯要。）

演禽法以日月五星分屬四宮七宿作十成死法。列宿自有五行。何俟另爲編派。按星經四宮謂之四獸。每宮以七宿合成一獸也。安得另尋二十八種鱗蟲飛走之屬。强列宿舍。其蒼龍元武朱鳥白虎之舊。而各爲一獸乎。其用法尤屬不經。或值年。或值月。或值日時。四者相聚。視物之大小强弱爲法之吞啖制伏。謂列宿炳耀中衢。皆凶殘搏噬。弱肉而强食。於理何居。術不當理。雖甚驗。君子猶禁焉。況不驗乎。後世有述者。奈何不察。

校補 周天三百六十度。紀以二十八宿。者只測各宿第一星以立算也。雖爲黃道之所經。七政之所由。亦必實測某宿第幾星。有時與七政同經同緯。乃能同到山方也。若經同緯異。則所到各有偏差。候星瑣言不明恒星緯度。以爲恩用日月躔某宿某度。某宿卽與之同到山方。失之固矣。凡候恒星。須按現測本星經緯。算合本地經緯。乃能取其眞照。若用捷法。可借匾渾天儀。按定緯尺。能候距北極一百二十一度以內之恒星。其一百二十一度以外之恒星不能候也。此中有疎密活法。斷非俗術平盤所能實測。不爽者。原本只論二十八宿及三垣帝星。其餘未能備錄。探其所繪天星活圖。又無經緯可辨。是欲候恒星而不得恒星之候法也明矣本館有鑒於此附考恒星黃赤經緯二卷倏後出版閱者檢表推求無論用儀器用算術皆可仰觀以與天象妙合於以見堯典月令時則訓之並詳昏旦中星與夫南箕北斗參昴火畢詠於詩商辰晉參女婁心尾紀於傳之類蓋不僅爲術家言也恒星固不重乎哉

附候中星法

曆法最重中星有中星可以知時刻有時刻亦可以知中星中星與時刻相符則恒星之經度可稽太陽之躔次可驗而太陰與五星皆於是取徵焉此中星之所以早重於堯典也候法有二一中星求時刻則以中星赤道經度即本時正午赤道經度與本日太陽赤道經度相減餘數變時自午正後起算即得時刻一時刻求中星則以本時太陽赤道經度與本時太陽距午正後赤道經度相加即得本時正午赤道經度視本年某星赤道經度與正午赤道經度相合即爲某星方中凡星之赤道經度小於正午赤道經度即爲某星偏西大於正午赤道經度即爲某星偏東也

原跋 原刻此未分明失著述例謹正之

渾天寶照所候之天星日月也五星也四餘也恒星之吉也所取者恩用日月所避者忌難變異也其格則到山到向拱夾合照其局則三星四星五星六星也此皆明明在上

有形可見。有象可求。有例可遵。有典可據。無荒杳之理。無影響之辭。無支離穿鑿之談。無遷就遊移之法。至平至常。至簡至易。至精至妙。至神至奇。故能迴天命。挽氣化。控山川。以返元陽。以生吉命。以蔭後昆。此造命一訣。所以傳爲人間至寶也。此法自來珍重秘密不傳。雖歷代名家各有成書。然皆深藏若虛。比於良賈。即蔣公天元歌。自謂秘寶盡啟。而玉纔出璞。不琢不雕。人莫測其所以用。今再不傳。恐寶鑑長韜。星光久晦。氣運民生。坐此愈薄。故不惜磨礱砥礪。傾箱倒篋而出之。非不愛寶也。法有以用於世爲貴。天下之寶。當與天下共之也。顧法有一定。用宜變通。學者惟自辦一具靈心。一雙慧眼。隨地制宜。因時立局。不爲成格所拘。不爲邪說所惑。將星宿羅胸。造化在手。爲乾坤扶氣運。爲國家厚民生。則謂之候星可。謂之造福可。即謂之參天地。贊化育。亦無不可。一圃主人識。

校補天元選擇辨正卷四終

校補天元選擇辨正卷之五

資中謝鄉𤸇一圃氏輯　王元極校補

華陽天昌舘周宗璞參訂

楊天佑繪圖

七政輯要

七政四餘。校補四餘渾天寶照所候以造福者也。倘災祥莫辨。禍咎斯伏。焉因檢最要者若干條錄之。以示趨避。庶寶鑑所照。羣推一路福星也。

日

日者。羣陽之精。衆貴之象。行於中道。中道黃道也。出入於天之赤道者也。其[校補]黃道斜交赤道而出其內外。其相距最遠之度即黃赤大距也。恒出卯入酉。
夏常盈出寅入戌。冬常縮出辰入申。
赤道即南北半天之腰。兩極之中也。日行黃道入赤道北
爲盈。出赤道南爲縮。冬行南陸。夏行北陸。惟春秋兩分適
行赤道之中。
[校補]太陽恒出卯入酉。夏常盈出寅入戌。冬常縮出辰入
申。此據北極出地三十度五十二分以上之地平言之也。
若不及此度。分其太陽出入時刻。無論夏盈冬縮均不逾
卯酉二時之限。此有算法可憑。實測可驗。初非可以約略
而得之者。所有太陽出入方位。晝夜永短。圖詳末卷。

日爲太陽以光明爲吉。五色者尤祥。或生黃芒。或多黃煇。或
有青雲在其上下。皆吉。[校補]春日和融。夏日炎熾。秋日煦曖。冬日溫舒。皆爲吉兆。
日有黃氣環其左右爲抱氣。居日上爲冠氣戴氣。日下爲承
氣履氣。下之左右爲纓氣紐氣。皆瑞氣也。
陰氣繞日謂之暈氣。如半環向日謂之抱。反向謂之背。皆變
也。惟冠珥爲吉。冠如半暈在日上。兩傍者爲珥。三四珥者以
黃爲吉。黃白者次之。純白及青黑色者凶。[校補]青赤氣橫在日之上下爲格臣
格君之象。氣形三角在日四方
爲挾臣挾君之象。皆逆氣也。
周禮眡祲氏以十煇之法觀妖祥辨吉凶。煇日旁氣也。一
曰祲。陰陽之氣相侵也。二曰象。附日成形也。三曰鑴。氣刺

目也。四曰監臨日上也。五曰闇食既而光脫也。六曰瞢氣勝而光蒙也。七曰彌貫日也。八曰敘環繞也。九曰隮虹蔵而升也。十曰想有名象可想也。祥則吉妖則凶

日始出有黑雲氣貫之三日有暴雨。或橫蔽日或隨日不散不移見主日中雨。不見日高三丈即雨。

日暈一重者多主風雨。或再重三重甚至四五重六七重者。變氣也。

日食日無光。日青色。日有黑子。日生牙。日光四散凶。日赤如火。或赤如血。數日並出。兩日相鬬。白虹貫日。尤爲太變也。

校補日食者月掩日也。雖變亦常。不得以凶論。日有黑子。若是金水過日面。亦常數也。須辨之。又有黑虹貫日。亦係大變。

西人以遠鏡窺日。見其體不甚圓。形如雞子。其邊如鋸齒然。其面有浮游黑點。大小不一。隱現隨從。每月十四日則一周。校補天學啟蒙作十二日一周。日面之徑前點出後點入。不能測其何物何故。月則凸凹不平。如地之有山谷者然。其凸處有光。凹處無光。月中黑影即其凹處也。

校補日中黑斑有經西人測定者。赤道左右各二十五度之內斑最多。三十度之外甚少。近二極則無。近赤道一帶少於南北二帶。又北半球大而多。南半球小而少。赤道北自十一度至十五度最大最多。亦最久。又斑多時恒列爲一帶與赤道平行。又斑多時指南針必搖。斑之多少與搖

之多少亦相合。其針之揺。必遍地球同時。

黃氏炳垕論日爲恒星地球自轉云。舊說五星各有本天。重重包裹。皆以地爲心。遂據太陽與諸星同環地球立算。牽多扞格不通之處。蓋其本象不如是也。厥後西人精測天象。知大地亦行星之一。其大與金星略等。五星與地球皆繞日東行。其道俱爲橢圓。水星距日最近。行最速。八十八日繞日一周。金次之。二百二十五日弱繞日一周。地又次之。一年繞日一周。火又次之。六百八十七日繞日一周。木又次之。四千三百四十日繞日一周。土又次之。一萬零七百四十六日繞日一周。西人又測得土星之上有天王。天王之上有海王。亦爲行星。恒星最遠。行最遲。二萬四千九百二十三年（以新定每歲東行五十二秒算）繞日一周。金水行道在地道環之內。名內二星。土木火行道在地道環之外。名外三星。故金水有合日之時（星在日上爲合伏。星在日下爲退合伏。）無衝日之時。自地視星。無時不在日左右焉。土木火三星與地對衝時。日在星地間。自地面視之。日與星同度爲合。與地同度時。地在星日間。自地面視之。日與星相對爲衝。所謂本天者。特各星所行之道耳。由是行度多寡。退順遲疾。悉歸一公共之例。不必强天以求合矣。謹按曆象考成上編。列古新二圖。而融貫其說。不言地爲行星。其時華人未諳新法。恐駭睹聞也。近日疇人家知新法之盡美。海內諸君子亦多曉然於地行之有據。故不妨直表其說。以見本象之非同虛設爾。

又云。甚哉星學之當求其原也。知地為行星之一。日為星地道之心。則五星順逆遲留之故盡明。而星與地之行法皆歸於公理。迴異於私智穿鑿矣。顧人猶有疑之者。謂地球繞日旋轉。何以地上之物不散飛於空中乎。殊不思地球四面皆人物也。所以不散飛於空中者。正以地之速轉故耳。不見夫舞火者球乎。置炭器中。顛倒底面而炭不傾墜者。由動力而生攝力也。置水或他物於器中。挈而舞之。亦可顛倒空中。不致傾墜。地之繞日亦猶是已。蓋天空有壓力。諸物有重力。俱直射地心。

地心有攝力。吸引諸物。與地球之動力相助。人居地面。如蟻附球而行。球轉而蟻不覺也。故地自轉一周成晝夜。人自地面視之。恍如日月星辰東生西沒焉。所居之地向日。則謂日東出。所居之地背日。則謂日西入。星月亦然。地繞日一周成寒暑。人自地面視之。恍如太陽環行十有二宮焉。地在丑宮。人見太陽在未。地在戌宮。人見太陽在辰。豈知無窮者天。非里數所能紀。斷無一日能繞地一周之勢。至速之炮彈。一時不過行數千里。若星辰晝夜繞地一周。則一時當行幾萬萬里。故知為必無之事。至大者日。地與星月皆借其光。豈有與星月同環地球之理。乃人第拘於目之所見。則一望平原。浩無邊際。謂地之大不可測度焉。仰觀日月。如盆如鏡。徧覽諸星。如粟如珠。渺乎小矣。

不知此特諸曜之視徑耳由視徑推其實徑木星大於地十一倍半土星大於地四倍半金星與地同大小於地者惟火水二星與月耳至日體之大有合地與五星之體不能得其一隅者而謂其能繞地而行乎此皆天文家累測千百年而後得其詳者不同影響之談也或曰地轉之說測諸形象揆諸理勢誠確然不易矣顧聖人作易曷云天行健乎曰曆算未精之世雖聖人有所不知曆法大備之時即愚人不難盡曉此則時爲之也尚書考靈曜云地體雖靜而終日旋轉如人坐舟中舟自行動人不能知春星西遊夏星北遊秋星東遊冬星南遊一年之中地有四遊是地轉之說華人早知之但未用之於曆算耳

校補 地體圖詳末卷

月

月爲眾陰之長后妃大臣諸侯之象有九行青道二朱道二白道二黑道二合黃道爲九也遵道依度吉乍南乍北或進或退凶

日月周行於天形如兩環月環出入日環南北恒東西傾倚春倚東爲青道夏倚南爲朱道秋倚西爲白道冬倚北爲黑道謂之四游分東北東南西南西北爲八並黃道爲九故曰九行八道皆強立之名其實只有月環一道與日環相並兩環並處是謂交道即出南入北之限

校補 太陰一月一周天經度之遲疾緯度之出入迭次變

遷而不一者也輯要乍南乍北或進或退之說必由不諳推步而傳會失之耳至春倚東夏倚南秋倚西冬倚北各道尤爲刺謬月倚黃道而行出入恒不過南北五度十七分二十秒安有分四序而各倚一隅者歟

月爲太陰黃則吉變色爲殃

凡言氣以黃爲吉靑主疾或饑荒赤主兵或旱或火白主喪或盜黑主水雜氣爲兵

月珥瑞氣也或一珥兩珥三四珥若珥且戴百日之內必有大喜

月暈亦多主風雨而或三重四重五六重甚至七八重九重十重者凶

月食月無光月生齒生足爪天下兵起大臣恣校補月生角及生牙月有璚背白暈入月白虹貫月數月並出皆凶校補月食者地影掩日月入闇虛故也雖變亦常不得以凶論

徐氏棠求云紀載諸書有言數日並出兩日相承相鬭者月亦有之此非眞日眞月也不過顯其形似爲喪亂凶荒之兆日月之大變也

五星犯月星蝕月月戴星星入月中彗星貫月流星犯月皆凶校補五星犯月星蝕月月戴星星入月中即星月相凌相犯相掩之謂也均有定數可推不得以凶論

北齊張子信言月前有星則行疾星多尤甚沈存中筆談

月行雖有定數然遲行疾歷其前必有星如子信說亦陰陽相感相契之妙徐南湖謂星辰在天如山嶽在地層層散布高下遠近各不相碍人自下視則如一幅並列如看遠山千峰並峙只似一層豈有月行疾而星必多之理殆人目力視遠星靜月動未易辨別譬如江上孤帆遠看不動若兩帆相值便似飛行沈氏以爲陰陽相感相契鑿矣

校補　西人以遠鏡窺月面見有山有谷而南半尤多遍月面幾盡山也山形皆中窪若碗口俱正圜在月邊者視之若橢圓而山之大者內有小峰直起其狀酷肖地面火山又月中不見有海而有大平原其壤皆類沙土又有連山散列其狀爲無火山惟自地推月徑一秒之圜面約方三里今之遠鏡雖精尚未能證其有人與否因未能察及房屋田畝也

日月食總論日月交食雖似天變究非天之變也朔入交限而月掩日爲日食望入交限而地影掩月爲月食其不入交限者不食均有定數可推推食之法月食易而日食難也月食惟以太陰地影兩視半徑相併之數當黃白二道之距緯推距交之經度即爲食限且全球皆同惟命時之早晚不同耳日食因有南北差其視緯隨地隨時不同只用太陽太陰兩視半徑不能定其食限檢曆象考成後

編。推日食法。除推日躔月離求實朔外。須一百三十七求。加五次求日躔月離每次四十一求計二百零五求共三百四十餘求始得一次日食也何難如之黃氏炳垕括以六術雖得捷算之至然中智以下之士未易窺其堂奧究不若仍用考成後編之明瞭也所有日月食理圖詳末卷

五星

五星謂之五行言其爲天行氣也木曰歲星色青比參左肩火曰熒惑色赤比心大星土曰鎭星色黃比參右肩金曰太白色白比狼星水曰辰星色黑比奎大星得其常色而應四時則吉

西人以遠鏡觀星見土星旁有二小星經久漸近後或合而爲一如鼓之有兩耳然近木有四小星左右隨從有規則有定期又有蝕時金則如月之有盈有闕有上下弦其變易於一年之中亦如月之變易於一月內居太陽上則光滿居太陽下則光虛惟水火二星別無所見

校補 謝氏謂近木有四小星即繞木之四月是也謂土星旁有二小星則爲未確按土星旁有八小星爲八月繞土一作七月土星又有光環三層謝氏亦未論及水星盈虧亦如月也惟近日而小不易實測其質火星則冲日時極大近合伏時極小謝氏何云水火二星別無所見西人以

最精遠鏡測諸行星均確有所見詳後各星條下。

坤靈圖至德之朝日月如連壁五星如貫珠。

連壁貫珠謂日月五星同聚一舍也占曰五星若合是謂易行有德受慶改立王者奄有四方無德受殃

北史魏高允以漢元年十月五星聚東井爲謬葢十月日在尾箕也崔浩審之年餘乃在前三月聚東井非十月也或謂漢初承秦制秦以建亥之月爲正月秦時之十月即夏時之七月此時日月五星適聚於東井史官書爲十月者遵秦時也高公以爲謬崔公以爲前三月者據夏時也漢至武帝太初元年始以建寅之月爲正月二公似未悉此愚按在東井前三月當作前五月三字當是五字之訛

校補 漢書天文志漢元年十月五星聚于東井從歲星也考漢元年乙未下距前淸同治庚午計二千零七十五年當時倘用秦朔其十月建申即夏之七月也試以七月節立秋爲標準如法求得是年立秋歲星應在井十度而太陽當在張十一度金水附太陽而行必不能同聚於井也惟前三月當芒種夏至時間太陽躔井歲星亦在井崔浩之說誠爲有據謝氏乃謂前三月當作前五月失之遠矣

五星相合相歷相凌相犯相食相守相觸相鬬或退行散爍芒角慧孛驚蕩易行皆星之變也 校補 五星之合歷凌犯食守退行皆有定數可推不

得以變論。同度曰合。經之曰歷。自上而下曰淩。自下而上曰犯。侵邊曰食。居之不去曰守。兩體均動而直口觸。忽離忽合若相擊曰鬬。當東反西曰退行。其精散爲妖星曰散。色變曰爍。動曰芒。角光芒偏指。其長如帚曰彗。光芒四出如團絮者曰孛。三星聚曰驚。四星聚曰蕩。五星聚曰易行。

歲星

歲星東方木之精也。蒼龍之宿。**校補**按此蒼龍之宿。及後以熒惑爲朱鳥之宿。鎭星爲勾陳之宿。太白爲白虎之宿。辰星爲元武之宿。各句俱宜刪去。蓋蒼龍朱鳥白虎元武者。本以二十八宿分爲四獸也。論木火金水四行星。烏得强扯爲名。四獸配四星。而土無所配。又以勾陳配之。考勾陳近於北極。自有定位。專名。亦且不得呼之爲宿也。主福主道德主穀。以光明朗潤爲主。黃則吉。赤白者凶。歲行一次。與太歲相應。故曰歲星。

校補西人以遠鏡測得木星在行星中爲最大。實徑二十六萬六千里。其體積大於地球一千三百倍。視徑最小三十秒。最大四十六秒。其面有帶數道。帶之廣狹位置屢變。非一定。開或散於星之全面。自轉依愛力歷恒星時九小時三刻十分二十一秒三微而一周。其軸與帶正交。全體非正圓而微扁。實與地同。有四月繞之。如地之有一月也。其繞法自西而東。亦同諸月繞木星與諸行星繞日理與法俱合。

甘氏德曰歲星所之國吉所去國凶退行爲災。授時曆云歲星晨退若干日夕退若干日共只得九度餘。每宮大約各三十度以去宮爲災不出宮不爲災也此說甚謬五星之有進有退者其常也所謂退行爲災以當東反西其退之變也郭氏誤以退行之退即晨退夕退之退故曲爲之說愚謂當退而退雖出宮不爲災不當退而退雖不出宮亦災也

校補 七政惟歲星不取對照星經云歲星所在之辰不可抵向又云其對冲國乃有殃是也

歲星與辰星合吉與熒鎮合凶與太白合爲白衣之會 校補 歲星與太白合而若開若合主大兵戰。若太白在南歲星在北名曰牝牡歲則大熟。校補 歲星光芒赤角其國大昌赤黃而沉其野大熟若縮小失色芒角奮張災於王者及大臣又春夏失色秋冬芒角皆反相也主凶。

熒惑

熒惑南方火之精也朱鳥之宿爲執法之星其下無道則留而降罰若環繞動搖芒角變色前後左右不定爲殃愈甚

校補 西人以遠鏡測得火星之面甚明晰見有大洲與海狀大洲作紅色意其紅土也海作綠色有時不清晰或狀改變意包星之氣中有雲故耳而當清晰時有一定形狀星自轉其面以次而見其二極有白斑最明或云是積雪

故向日久則小背日久則大最大時約距極六度細測此白斑知火星自轉其赤道面與黃道交角三十度十八分歷二十四小時三刻七分二十三秒而一周其轉亦自西而東與地同其實徑約一萬三千一百里視徑最小四秒最大十八秒

謝氏原注熒惑留而降罰引案云康熙十七年御史成公其範奏稱臣謹按五星占驗往往不爽熒惑尤速天官書熒惑反道二舍以上居之其下有殃今年十一月十五日火星退度十二月十八日退至鬼宿二十二日退至井宿自三十一度起至十八年正月初九日退至二十五度而留留至十九日而止鬼宿之分野貴州平越府是也井三十一度至二十五度之分野雲南大理武定姚安等府是也據星占論其時則自十二月十八日至正月十九日其地則自貴州平越至雲南八府此內當主賊兵互相殘害自行殄滅蓋火旺南方井鬼皆南方之宿也雲貴皆南方之地也反道正居其野逆賊之滅亡此其時矣是年吳三桂死明年世璠伏誅雲南平徐圖臣言後晤成公談及此事謂彼時熒惑入井分前後共九十餘日按火星行率自晨留而退退而夕留止得七十餘日此云入井分者九十餘日即所謂留而降罰不當退而退者也謝氏原注止此

以愚見考之成公之奏在康熙十七年而預言火星之退至十八年正月初九日而留留至十九日而止是據推步言之必非實測有此變象也況自十七年十一月十五日火星退度至十八年正月十九日而留止僅六十餘日引案謂成公與徐圃臣談及此事謂彼時熒惑入井分前後共九十餘日亦何矛盾之至乎所謂星變蓋必實測而有與推步不符者乃得謂之星變也

附辨分野之誤

周禮保章氏掌天星以星土辨九州之地所封封域皆有分星以觀妖祥則分野之由來古矣然以封域考之周在中土而星之應在南魯在東而星之應在西齊在東而星之應在北又似不有確據也傳記所載十二國災祥之應未必不出於好事者之傅會以傳之況曆象儀象諸書已集天學之大成而亦未嘗論及分野近代徐圃臣所定又與管窺輯要之分野古圖參差不一不能令人無疑且分野之說僅據十二國而言不知十二次二十八宿之在天也全球人與全球共之蓋非我中國之所僅有者也而以十二國限之與坐井觀天有何異乎或謂王者宅居中土以御四方上與紫微垣相應分野之所由分也實據當時正朔所及之地以分之耳乃後世版圖日闢中外交通泥

於古者不能舉一反三猶執十二國分野以談星象而觀
妖祥又烏有克驗之可憑耶
熒惑與歲星合有喜與鎮星合爲憂與太白合爲爍與辰星
合爲焠 **校補** 熒惑光明盛大曰喜縮小不明曰罰春夏小而失邑主大水秋冬大而光明主大旱芒角怒張主詐謀主兵主火熒宮殿

鎮星

鎮星中央土之精也勾陳之宿主福德又主土功以光明爲
吉春邑蒼歲則大熟退行一舍二舍主地動或有大水
校補 西人以遠鏡測得土星實徑約二十二萬五千里體
積大於地球約一千倍距地遠近適中時視徑十八秒其

面有帶數道不及木星之清晰理與木星同間或見大斑
即星之體據以測自轉得十小時一刻一分零秒四四而
一周土星有八月繞之最異者體外有光環分三層與星
同心而共在一平面內外繞之外徑五十一萬一百四十
四里視徑四十秒零九五內徑四十四萬八千九百九十
七里視徑三十五秒二八九內環之外徑四十三萬八千
六百三十九里視徑三十四秒四七五內徑三十三萬九
千三百零七里視徑二十六秒六六八環之厚難測然必
不能過七百里星之赤道徑二十二萬八千九百零五里
視徑十七秒九九一赤道距內環內周五萬五千二百零

二里視距四秒三三九兩環之間五千一百七十九里視距零秒四零八此二空處望之若二黑環焉環之前半對日生影影在星面環之後半有星體之影故知環爲實體也星面諸帶與環平行故知星自轉之軸正交環面也輯要謂鎮星退行主地動其說非也按濱海近火山之地地震恒多前志不可勝數即如民國十二年日本横濱一帶因火山噴燄致地震之變可謂烈矣當時鎮星蓋未嘗有退舍之驗也西人論地震大率謂地心熱力有時噴吐火燄激動牽連一處震動以致他處亦或震動耳

鎮星與歲星合主饑與太白合爲白衣會與辰合爲壅沮爲變謀與熒惑合爲兵爲亂【校補】鎮星土也主稼穡主城郭又人君失信后失度則鎮星有變五行家以火爲土母謂火土相生也故造命訣以熒惑爲鎮星之恩此云鎮星與熒惑合爲兵爲亂則生尅之說正未可拘世之言五行者大都本於五星也以眞正之土星與火星相合尚不得以生爲吉則其以辰戌丑未戊己之土値丙丁巳午之火爲得生而吉者皆妄談也

【校補】五行生尅原係正宗彼占驗之不拘五行權備一說可也

太白

太白西方金之精也白虎之宿主兵主殺以光明見影爲吉晨出東方爲啟明昏見西方爲長庚助日之明亦謂之明星

朱子詩註啟明長庚皆金星。以其先日而出。故謂之啟明。以其後日而入。故謂之長庚。其說本之毛傳。誠至當不易。論者疑之。以爲金星行度與日相等。既先日而出。即當先日而入。若後日而入。亦當後日而出。無先出後入之理。此未知曆法。徒執一日以言先後出入也。不知金星五百八十餘日。順逆兩合。雖附日而行。恒有二百九十日行太陽之東。二百九十日行太陽之西。當其行太陽之西。先日而出。晨見東方時。則謂之啟明。當其行太陽之東。後日而入。昏見西方時。則謂之長庚。請以此質之邃於經學者。

校補 西人以遠鏡測得金星如月有盈虧。其實徑二萬二千六百里。視徑最大六十一秒。大於他行星。然其面但見有光。而不能見有山與影。雖有光暗之異。而非能一定。故或言金星自轉之時略與地同。或言多于地二十四倍。因其面無斑。未能測定也。

太白晝見與日爭明。主君弱臣強。太白經天。是爲亂紀。人眾流亡。校補 太白體大而色白。光明潤澤。其所臨之分。兵勝國昌。又太白晝見。天之速者兵速而易止。人之遲者兵遲災久而難避。又太白經天。主國易政。女主昌。又日有軍軍罷。無軍軍起。

太白過午爲經天。梅氏文鼎曰。金星繞日爲輪。非不過午。過午必與日偕。爲日光所掩。故不見也。若日光微。星光盛。在晝漏明。是爲晝見。若在午地。則爲經天。按金星退度至午則伏。若徑行至未。是為經天。亦不當退而退者也。
校補 太白過午而漏明。是為經天。所謂過午者。係指人在地平所仰望之天頂午方也。謝氏謂金星退度至午則伏。反據天盤午宮而言。實為朦混已極。且金星退伏亦不定限於午宮也。知此則知謝氏之不明推步矣。

辰星

辰星北方水之精也。元武之宿主刑殺。以其正四時之法。故得與北辰同名。與太白皆附日而行。出以辰戌。入以丑未。校補 水星最近日。其出人必細推乃礄。晨候之東方。夕候之西方。舊法謂水星常以春分見奎婁。秋分見角亢。夏至見東井。冬至見牽牛者。彼一時也。水星去日躔縱遠不過三十度。今春分日躔室八。水見奎不見婁。秋分日躔翌八。水見角不見亢。惟夏至日躔參七。水見東井如故。冬至日躔箕初。水見南斗不見牽牛。歲差使然也。學者必隨時考驗。無徒執史漢緒餘以談星象。致有刻舟求劍之謬。

校補 西人以遠鏡測得水星略如球體。光如月有盈虧。因最近日而小不能細測。其質實徑約九千二百里。視徑五秒至十二秒。其自轉亦若金星之不易測定也。

辰星與太白合為變謀。與歲鎮熒惑鬬為內亂。校補 辰星變色失行。白主旱。赤主兵。水而昧則吉。

校補附天王海王二行星　西學謂木火土金水天王海王及地球為八大行星故采天王海王附此以備一說。

木火土金水五行星上古以來人皆知之。天王星乃西人
侯失勒維廉於清乾隆四十六年二月十九夜以遠鏡細
測諸恒星始知為行星。前此因遠鏡未精每誤列于恒星
表也。嗣此測望家見天王星有無法之小動英亞但史法
蘭西力佛理亞驗其動法皆以為別有一行星其攝力加
于天王而生此動其說不謀而符。二人各以法推未見之
行星謂今當在某經度某緯度其推又略相近。力佛理亞
以所推送伯靈星臺是夜臺官嘉勒用遠鏡依所推之處。
測諸小星核以星圖果得一行星距力佛理亞所定之經
緯其差不至一度距亞史所定之經緯其差不至二度半。
名之曰海王時清道光二十六年八月四日也。天王僅見
為一小光面無環無帶斑亦難見實徑若十萬三千里視
徑四秒此星之道甚大故視徑之變不甚覺其體積較地
大八十二倍其月或四或五或六未測定。海王道最近黃
道面不能審視其狀尚難言也。惟已測得一月云云。

四餘。校補有四餘辨偽說見卷之一。

天元曆理四餘非古也。相傳來自西域唐初瞿曇撰九執曆。
始有此術皆有度無象用之實有奇驗云。

徐氏蒙求。月行八道之斜出於黃道者。首尾各有一交。首爲羅睺。以其近日。日爲火精。故爲火之餘。尾爲計都。以其常當地影。得土之精。故計爲土之餘。孛生於月。月爲水精。故孛爲水之餘。炁生於閏。閏由歲定。木行與歲相應。故炁爲木之餘。夢溪筆談。西天法羅睺計都皆逆布之。乃今之交道也。交初爲羅睺。交中爲計都。

交道。月道交於黃道也。月行天一周。交於黃道者二。其始從黃道內出外。月道自北而南。在黃道上斜穿而過。謂之正交。自正交行九十度。校補 原文作九十一度今以三百六十整度計之。改作九十度。下同 離黃道南六度。校補 此指緯度。係約言之。其實太陰南北緯度均五度十七分二十秒也。再行九十度。又自黃道外入內。月道自南而北。亦斜穿黃道而過。謂之中交。中交後行九十度。離黃道北亦六度。再行九十度。又自黃道內出外。復爲正交。日月之食。即在兩道交處。日食月揜日也。月食日衝月也。合朔時月與日同道同度。日爲月揜而日食。對望時日與月對道對度。月當日衝而月食。按日食有內外道之辨。月行內道自北出南。食每驗。月行外道自南入北。食每不驗。校補 交食之驗與不驗。實有算術可憑。精其術斷無推食不食。不食而食之差。月食舊謂日光在外。其中實暗。對道對度。月正當其暗處。故食所謂暗虛也。西法謂月食由地影障隔。蓋日月同在一線。遂爲地所隔而成食。梅氏曰地影之

說肇自泰西驟言之若可駭細審之確有實據然必於曆學深究其根乃知其言爲不謬

瑞星

瑞星有六一曰景星德星也（或曰紫炁見即爲景星按紫炁無星必不有所見也）【校補】狀如半月生於晦朔王者不私人則見一曰周伯其色黃煌煌然所見之國大昌一曰含譽光輝似彗國有喜含譽射之一曰格澤狀如炎火下大上銳色黃白見則五穀大熟一曰掃邪似星非星似雲非雲一曰天保有聲如炬火下地六者皆五行冲和之氣所生也

又有客星四種一曰老子明大純白一曰王蓬絮狀如粉絮拂拂然一曰國皇大而黃白有芒角狀類南極一曰溫星色白狀如風動搖常出四隅老子見休咎半之餘皆凶此與瑞星恒錯出於五緯之間其見無期其行無度各以其光象辨之

【校補】恒星中有變大變小變明變暗之星近代星學家測之詳矣表繁不能備錄考古今史志所載客星恐亦多變星類也但其見時甚暫而不見之時甚久意其復見必有一定之時古今測望僅一見而未再見故未能知蓋其周時甚長也如漢元朔四年有客星見日中不隱晉太元十四年近河鼓第二星有客星見歷二旬明如金星而隱石

晉開運二年元至元元年明隆慶六年皆有客星見皆在王良造父之間考其年數相距略同恐即一星也約三百一十二年或一百五十六年而一見其他見之客星或亦有類於此者

彗孛

彗孛者一方淫毒之氣所生也皆主非常之變孛爲尤甚孛之狀蓬蓬勃勃光芒四出彗之狀如放烟花短者數丈長者竟天光芒所及爲災又爲除舊布新之象見於治極時則亂見於亂極時則治未有百日不滅者

別有流星天使也自上而下曰流東西橫行亦曰流流星之爲天雁爲天保則祥爲地雁爲營頭則妖夜奔而爲天狗厭妖彌大自下而上升者曰飛飛星化爲天刑則祥否則妖

校補 彗孛之行速率甚大而無法恒隱而忽見光芒甚巨而甚長大有異於常星古來史志見則書之皆所以徵災異也近代西學家謂彗孛與繞日諸星同理未常無法然其狀及功用亦未能深悉又何不主災異之可駁乎至於流星之多在立秋立冬後者雖定率一百三十三年內有四次而無定者又不知凡幾矣所有流星之顯而奇者藉以占休咎而究天學當不僅輯要之瑣屑數條也

妖星

五星之精散而爲妖。木星之精爲天槍。狀如彗。長二三丈。出西方爲國皇。大而赤。狀如炬火。去地二三丈。火星之精爲昭明。大而白。如太白然。無芒不行。或乍上乍下。爲蚩尤旗。類彗而後曲。爲天欃。其長數丈。出西方。土星之精爲五殘。大而黃。出正東爲六賊。大而赤。出正南爲獄漢。青中赤表。下有三彗。出正北。皆去地五六丈。又爲旬始。狀類雄雞。出北斗旁。金星之精爲天狗。如大流星。旁有短彗。下地如狗形。水星之精爲枉矢。邑黑如有毛狀。類蛇行。其長數尺。

別有天鋒。彗屬也。形似矛鋒。濛星。赤如牙旗。長短四面。西南最多。蓬星。大如二斗器。邑白。出東南。長倉如一匹布著天。長星。狀如匹練。出西方。滅光。如月始出。大而赤。去地二丈。積陵。出西南。長三丈。華星。出西北。狀如環。凡此皆五行乖戾之氣所生也。又月旁妖星。赤五星之精所化。各以其邑辨之。

天河　按謝氏原本無此條。茲采談天所考以補之。亦天學之不可不詳備者也。

天河之白光。西人以遠鏡測之。實無數小星積聚之光也。用目視天河最明之一道。大率爲天球之大圈。與赤道交角約六十三度。其二交點之赤經。一爲十一度四十五分。一爲一百九十一度四十五分。故天河圈之北極。其赤經一百九十一度四十五分距極六十三度其南極之赤經十一度四十五分距極一百一十七度此大圈當分股處在二股之間略近光明之股依赤經度細測之初過閣道爲其最明處約在閣道第三星北二度即距極二十八度再過策星與閣道第二星之閒發一分支向西南近天船第三星最明近卷舌第二星漸淡過此幾不可見約略近畢昴二星爲分支盡界其中幹最淡過柱第一第二第三星出五車第二星之西又過諸王司怪而交黃道略近二至經圈過水府四瀆而交赤道其經一百零三度三十分光淡而難辨過此漸明自四瀆過天狼之北至弧矢漸濶而益明色白直至近日短圈又分一

支細而曲至天社第一星而盡其中幹向南行至距極一百二十三度散爲數支狀若摺扇濶約二十度錯雜相交至天記及天社第一星之聯線而忽數支俱隱歷若干度測俟考而再見仍爲數支至南船第三星而合狀亦如摺扇約至山海成小洞狀半環次作小頸狀最明濶約三四度而至十字架爲最狹處過此忽變濶而明中間函十字架第三第四星及馬腹第三星將及南門第二星白光之中忽函黑洞作梨狀甚清晰人人能見海舶中指名曰煤袋此洞長八度濶五度用目察之中惟一微星測以遠鏡則有多星所有黑暗者因四周皆白光故也此即最近南極處其光較北半球甚明因

思天河必作扁環之形。其濶與厚不等。我地與日所處。四面皆遶天河。而非恰居中心。略近南也。當南門第二叉分一支。其初甚濶。約如本幹之半。驟削而狹。其側邊與本方向交角約二十度。西至積卒第一星。漸淡不可見。其本幹變濶過尾宿成曲學形。又分爲二支。其東支濶狹明暗參差不等。其西支發諸小支相交過神宮。漸濶漸淡近天籥而隱。距北極一百零三度。與北邊大支相隔。其空處十四度無光。本幹成曲肘形處。彎向東過杵。又過尾宿第五第六星至箕宿第一星。忽聚爲橢圓狀。約長六度。濶四度。光極明。測其星至少當有十萬。過此而北與黃道交。其經度二百七十六。過斗宿至於大弁。其狀有極凹處三。驟凸處相間。其凸最甚而明者一近河鼓。乃中國所見天河最明之處。當赤經二百八十五度過赤道。此處屈曲無定。過右旗河鼓左旗。至天津第九星。作亂續之狀。不甚相連。在天津第九第三第一星之間有廣黑洞。略如南方之煤袋。是爲三大支之源。三大支者。一即本支。其餘二支。一自黑洞處起。從天津第三星向北過騰蛇造父而復至閣道。一自天津第一星起。光甚明。向南行過輦道第四星入天市垣。約至赤道。當星點稀疎處而隱。此支若過赤道。可與天籥所隱之支相連。而本幹又分一支。從造父直向北極。大約函天鉤第四第九星及造父第一星中間一段焉。此

論天河極詳者因他書頗略而天河又實爲考恒星理之要事故也

原跋　原刻此未分明失著述例謹正之

五星所行合散犯守陵歷鬬食彗孛飛流及日月薄蝕暈謫璚背螮蝀風雷怪雲變氣皆陰陽五行之氣之變其本在地發乎天而應乎人者也人稟天地之氣以生氣吉則吉氣凶則凶世有生同時日吉凶各判者所居之方不同所受之氣斯異所謂命也命者何即人生之初所受於陰陽五行之氣也古之善葬者深明此理必擇乎日月五星之吉下臨上載反天氣以入地中使接續生氣以返元陽其靈氣所鍾秀氣所毓遂福及生人故曰造命也但日月五星雖有常度可推而晴雨妖祥非可預測苟忽而值此則必辨其吉凶以決趨避春秋己丑葬敬嬴雨不克葬庚寅日中而克葬丁巳葬定公雨不克葬戊午日下昃始克葬君子善之善其以久定之期值天變而臨時遽改也故則天光發新不改則變氣爲厲周葬王季值水滕葬定公值雪皆改期另葬自後世人心澆薄畏難苟安此義遂亡自術數禁忌之說起此義愈晦嘗見烈風雷雨天地震動山嶽擺播孝子慈孫竟有乘此良時草率以葬者律以春秋之義殆與棄親屍者等（葬書地吉葬凶與棄屍同）此其人或自絕於

天選擇者誤爲之造福是爲逆天天必驟焉示變歛其吉
而構之凶天之所奪人不能強予之也然天定勝人人定
亦可以勝天呂氏春秋言宋景公有至德之言三熒惑爲
之避舍天命雖凶未嘗不可以挽同吾願候星者愼其所
與以聽命於天又嘗勸人修德以自結於天斯和風麗日
景星慶雲羣爲獻瑞矣一園主人識

校補天元選擇卷五終

校補天元選擇辨正卷之六

資中謝鄉瓏一園氏輯　王元極校補
華陽天昌舘周宗璞參訂　楊天佑繪圖

曆法約編

曆家舊法概用九章算術發歛乘除率多繁冗積元累策
動致乖違茲編務求簡約爲候星者探其源非作曆法也

度法

周天十二宮宮各三十度度各六十分皆得整數者宮度宮
分也度有多寡分有奇零參差不齊者宿度宿分也皆謂經

度。渾天寶照幅隘難析，営別作度分表。幅十有二爲十二宮。直格三十爲三十度。横行六十爲六十分。宮起初度。訖二十九度。起初分。訖五十九分。列宿則據現在歲差度分布列各宮。其末度各有零分。非表莫悉。此治曆要務也。

古以周天三百六十爲經度。以日躔出入赤道南北各二十四爲緯度。赤道南北各二十四。即二十四炁所由分。曆家因以日躔所至。立盈縮限。爲南北進退度。故太陽不用緯度。太陰及五星則以出入黄道南北各數度者爲緯度。五星自最高下行過中距則出南。最卑上行過中距則入北。太陰自交初交中出入南北。畧與此同。（按曆象考成。木北緯一度三十八分南緯一度四十分。火北四度三十一分南六度四十七分。土北二度四十八分南二度四十九分。金南北各九度二分。水南北各三度三十三分。校補太陰南北各五度十七分。）校補區渾天儀赤如渾天寶照之幅隘難析度分也。作度分表誠爲治曆要務。惟日躔出入赤道南北。當以現在民國十三年甲子黄赤大距二十三度二十五分三十秒爲法。以推各節氣距緯而盈縮限立。南北之進退見焉。不得以出入赤道南北各二十四度爲緯度也。所有黄赤距緯表詳末卷。

曆象考成論經緯度云。恒星七政各有經緯度。葢天周弧線縱横交加。即如布帛之經緯然。故以東西爲經。南北爲緯然有在天之經緯在天則爲赤道爲黃道隨地則爲地平赤道均分三百六十度平分之爲半周各一百八十度四分之爲象限各九十度六分之爲紀限各六十度十二分之爲宮爲時各三十度是爲赤經從經度出弧線與赤道十字相交各引長之會於南北極皆成全圜亦分爲三百六十度兩極相距各一百八十度兩極距赤道俱九十度是爲赤緯依緯度作圜與赤道平行名距等圈此圈大小不一距赤道近則大距赤道遠則小其度亦三百六十俱與赤道之度相應也赤道之用有動有靜動者隨天左旋與黃道相交日躔之南北於是乎限焉

靜者太虛之位亘古不移晝夜之時刻於是乎紀焉黃道之宮度並如赤道其與赤道相交之兩點爲春秋分相距皆半周平分兩交之中爲冬夏至距兩交各一象限六分象限爲節氣各十五度是爲黃經從經度出弧線與黃道十字相交各引長之周於天體即成全圜其各圜相湊之處不在赤道之南北兩極而別有其極心是爲黃極黃極之距赤極即兩道相距之度其距黃道亦皆九十度是爲黃緯而月與五星出入黃道之南北者悉於是而辨焉故凡南北圈過赤道極者必與赤道成直角而不能與黃道成直角其過黃道極者亦必與黃道成直角而不能與赤

道成直角。惟過黃赤兩極之圈。其過黃赤道也。必當冬夏二至之度。所以並成直角。名爲極至交圈。又若赤道度爲主。而以黃道度準之。則互形大小何也。渾圓之體。當腰之度最寬。漸近兩端。則漸狹。（距等圈之度也）二至時黃道以腰度當赤道距等圈之度。故黃道一度。當赤道一度有餘。二分時兩道雖皆腰度。然赤道平而黃道斜。故黃道一度。當赤道一度不足也。此所謂同升之差。而七政升降之斜正伏見之先後。皆由是而推焉。至於地平經緯。則以各人所居之天頂爲極。蓋人所居之地不同。故天頂各異。而經緯從而變也。地在天中。體圓而小。隨人所立。凡目力所極。適得大圜之一半。則地雖圓而與平體無異。故謂之地平。乃諸曜出沒之界。晝夜晦明之交也。地平亦分三百六十度。四分之爲四方。（子午卯酉）各相距九十度。二十四分之爲二十四向。各十五度。是爲地平經。從經度出弧線。上會於天頂。並皆九十度。（從地平下至天頂之衡亦九十度）是爲地平緯。又名高弧。高弧從地平正午上會天頂者。其全圖必過赤道南北兩極。名爲子午圈。乃諸曜出入地平適中之界。而北極之高下。晷影之長短。中星之推移。皆由是而測焉。是故經緯相求。黃赤互變。因黃赤而求地平。或因地平而求黃赤。乃曆象之要務。推測之所取準也。

歲差

歲差者列宿東旋之限也。古惟隨時考驗。堯典夏小正月令諸篇所載中星。即考驗歲差之法。後世別立差法。其若干年差一度。諸說紛紛。迄無定論。國朝數理精蘊。始定爲七十年有奇差一度。唐堯甲子冬至日躔虛六度。今同治甲子冬至日躔箕初度四千一百四十年。差五十八度。其法適合。

按同治甲子冬至日躔限箕初度三十六分。以每年東旋五十一秒計之。當在道光丙申入箕初度五十九分。陳靜庵輯古算經註。嘉慶戊辰冬至日躔在箕一度二十四分。戊辰至丙申二十八年。恰行足二十四分。入箕初度五十九分。丙申至甲子。亦二十八年。東旋一千四百二十八秒。冬至日躔恰在箕初度三十六分。甲子至甲戌十年。東旋五百一十秒。冬至日躔當在箕初度二十七分。有作十二三分者。七政臺法也。謝淸高海錄西夷曆法。以今中國冬至後十日爲歲始。即元旦也。烏程陳杰曰。西夷曆以三百六十五日二四二一八七五爲歲實。不及六十年。即差一度。其法取太陽過宮。行最卑之日爲元旦。以此爲盈縮起算之端。則可。於欽若授時之本則甚舛也。

校補 歲差五十一秒之率。乃新法算書依西人第谷之所測也。前淸乾隆時定靈臺儀象志。及儀象考成。皆仍之。至道光甲辰。欽天監實測周天之星。反復推求。較之舊傳歲差遞至者。每多差至三分。截算應約爲五十三秒。然由此下推。恐不百年。復有已過之分。於是續儀象考成。定爲每歲差五十二秒計六十九年有奇而差一度。今當遵之。不可復用五十一秒之率。如法求得民國十三年甲子冬至日躔尾十四度五十六分十六秒。作歲差交度表如左。

宿	宮	度	分	秒
角	〇〩	〢二	〥〇	〤一
亢	〡〇	〇三	三〇	〇〇
氐	〡〇	〡〤	〇〦	〇〇
房	〡一	〇一	〥〦	〤〥
心	〡一	〇〦	〤〨	〤〤
尾	〡一	〡〥	〇三	〤〤
箕	〇〇	〇〇	〡〥	〇〨
斗	〇〇	〇〩	〡一	〇三
牛	〇一	〇三	〇〥	〡〨
女	〇一	〡〇	〤〥	〢〦
虛	〇一	〢二	〢〦	〡二
危	〇二	〇二	〡〤	〇〦
室	〇二	〢二	〢〨	〣三
壁	〇三	〇〨	〇〩	〡〇
奎	〇三	〢一	〢〦	〢〨
婁	〇〤	〇二	〥〧	〡〩
胃	〇〤	〡〥	〥〥	〇〨
昴	〇〤	〢〨	〢〤	〤一
畢	〇〥	〇〧	〢〧	〣一
觜	〇〥	〢二	〤〇	〣〨
參	〇〥	〢三	〤〇	〇〥
井	〇〦	〇〤	〡〦	〣〇
鬼	〇〧	〇〤	〤三	〥三
柳	〇〧	〇〩	〡〨	〢三
星	〇〧	〢〦	〡〧	〡〩
張	〇〨	〇〤	〤二	〥三
翼	〇〨	〢二	〤〦	〇〨
軫	〇〩	〇〩	〤〥	〡〨

上推每年減五十二秒　下推每年加五十二秒

置閏

古有排章置閏表。十九年爲一章。國朝順治元年甲申值下元第一章。今同治十一年壬申爲下元十三章。每章七閏。先以三年一閏者三。繼以兩年一閏者一。又以三年一閏者二。繼以兩年一閏者一。謂之經閏。西洋月法不論合朔與否。其月內大小日數。則正月三月五月七月八月十月十二月各三十一日。四月六月九月十一月各三十日。惟二月止二十八日。每四年於二月內閏一日。計一百二十八年閏三十三日。

置閏之法始自唐堯。以齊炁朔之不齊也。每年炁朔各有十二。炁於三百六十外多五日有奇爲盈。朔於三百六十內少五日有奇爲虛。以炁之盈合朔之虛。歲餘十日有奇。積三歲得三十餘日。五歲積五十餘日。積至數年。歲時失序矣。上古無歲可稽。未成歲也。歲之不成。四時未定也。至是乃以月無中炁。斗指兩辰之間爲閏月。【校補】閏月無中炁法最確也。若斗指兩辰之間爲閏月。則有不確者。說詳卷二斗杓條內。甚而後四時定歲功成。始有歲可紀。故曰以閏月定四時成歲。經七閏而烝朔分齊。是爲一章。此法至今不忒。惟所閏之月逐漸下移。

校補 西洋曆法以冬至後十日爲歲始。三百六十五日二四二一八七五爲歲實。不論合朔。排定一月三月五月七月八月十月十二月各三十一日。四月六月九月十一月各三十日。二月二十八日。四年於二月閏一日。按西曆紀元年數以四除盡之年。即於二月閏一日。每滿百年廢一閏。至年數四百之倍數。又不廢也。即今中華民國元年壬子。即西曆一千九百十二年。改行之新曆也。百科叢書曆法論云。我國舊曆最不便的是有十二個月的年有十三個月的年。經濟上時間上的計劃。不能劃一。如歲入歲出的預算。以及勞動工資息錢租錢的計算。人生的生活莫不大受影響。在新曆就沒有這樣的弊病。在現在新舊曆不統一的時候。更加一層不便。有許多人在機關上大公司上辦事的。他收入是憑新曆計算。至於支出却要憑社會習慣用舊曆計算。五年之中却要增加兩月的費用。換一句話說就是把六十分之二的金錢做新舊曆不統一的犧牲。你想這是不是關係到社會經濟的問題。並且舊曆節氣的月日年年不同。不便農工實在不少。不過我們習之既久不覺其苦。我國舊書說氣候說農事的。如月令如豳風都是以月爲單位。其實不過說個大概。認眞說我國舊曆的農宜。那裏能够用月做標準。並且國際的交通日盛一日。從國家的施政商賈的貿易以及個人的行事沒有一事不是直接間接生有國際的關係。若是不用萬國通行的曆法。結果一定是我們受虧。就上面各點論。我們可以總結下一判斷。就是我國舊曆在學術上說。固然是有相當的價值。但是已經成了學術史上的陳物。不是實際上可以利用的工具。我們還是擇善而從呢。還是狃於舊曆呢。請我們大家一判斷。錄節

節烝

烝法卽日法也。以今年此節此烝。定明年此節此烝。訣云欲識來年春五日。三時尋逢刻退一刻逢分加五分數盈休退步。日入必超辰刻若初初值辰時正二更如今年立春在正月丙寅日寅時初二刻三分。加五日三時退一刻加五分便知明年立春當在辛未日巳時初一刻七分。二十四烝皆倣此推之。

舊法歲三百六十五日四分日之一。以二十四烝平分之。每一節烝作十五日二十一刻有奇。今法冬夏不齊。冬日黃道距地近而行疾。夏日黃道距地遠而行遲。遲則盈。疾則縮。故霜降後十四日有奇交一節。驚蟄後約近十六日

始交一節。每一節氣。日躔恰足十五度。通以日行盈縮加減之。

校補節氣視日躔而定。如日躔丑宮初度爲冬至。丑宮十五度爲小寒。子宮初度爲大寒。子宮十五度爲立春是也。餘可類推。皆以子正日躔未交節氣宮度爲交節氣本日。已過節氣宮度者爲交節氣次日。推時刻之法。以本日日實行與次日日實行相減爲一率。一千四百四十分爲二率。本日日實行與節氣宮度相減餘爲三率。求得四率爲距子正之分數。乃以六十分收爲一小時。十五分收爲一刻。得節氣時刻。然此尚非節氣用時也。更以交節氣本日日均數變時（一度變爲四分。十五分變爲一分。十五秒變爲一秒）得均數時差。加減與均數反。用又以半徑一千萬爲一率。黃赤大距之餘弦爲二率。本節氣黃道度之正切爲三率。求得四率爲赤道正切。檢表（八線表詳數理精蘊）得赤道度。與黃道度相減。餘數變時爲升度時差。二分後爲加。二至後爲減。乃以兩時差加減節氣時刻。得節氣用時。然此尚以北京中線爲主。非即各省之節氣用時也。更以地經偏度加減之。每偏一度。得時四分。偏東者加。偏西者減。乃得各省節氣用時。表詳末卷。

朔望弦晦

每月朔日。太陰行及太陽合於一度。是謂合朔。朔者月始生。

也月之體半明半魄未合之前半魄全掩既合之後半明復生故曰朔又七日餘東距太陽九十度為上弦弦者半明漸長與日側照露其半明之半如弓弦然弦在上故曰上弦又七日餘前距太陽一百八十度日月相對謂之對望望者半明全見與日對照相望也又七日西距太陽九十度為下弦蓋半魄漸轉其半魄之半又轉而向上弦在下故曰下弦月盡謂之晦晦者昧也半魄全轉其光盡斂故曰晦也詳末卷校補圖晦而見月於東方謂之朒朔而見月於西方謂之朓論者以為月之變非也失朔也不當朔而朔當朔而不朔也每月惟晦朔兩日月不見光晨見東方晦之前一日也此以

為晦則失之太早昏見西方朔之後一日也此以為朔則失之太遲蓋古用平朔雖係日月相會大綱而盈縮異度遲疾異行尚未是日月眞會故漢晉史志每有日食不在朔而在晦或在朔之次日者皆失朔也非變也

校補推合朔弦望法太陰實行與太陽實行同宮同度為合朔限距三宮為上弦限距六宮為望限距九宮為下弦限皆以太陰未及限度為本日已過限度為次日求時刻之法以本日太陽實行與次日太陽實行相減餘為太陽一日之實行以本日太陰實行與次日太陰實行相減餘為太陰一日之實行乃於太陰一日之實行內減太陽一

日之實行。餘爲一率、一千四百四十分爲二率、本日太陽實行加限度。合朔不加、上弦加三宮、望加六宮、下弦加九宮、減本日太陰實行、餘爲三率、求得四率、爲距子正之分數。乃以六十分收爲一小時、十五分收爲一刻、得合朔弦望時刻。

經朔

經朔即平朔也。法以前九年每月朔日辰、推後九年每月朔日辰。訣云大幹五枝九、小幹四支八、順數九年前神仙經朔法。如前九年正月朔日係甲子大月、則從甲順數五位得戊、從子順數九位得申、即知後九年正月朔日係戊申。小月則從甲順數四位得丁、從子順數八位得未、即知後九年正月朔日係丁未。餘倣此。

前九年正月朔日至後九年正月朔日、合閏月共九十九月、得二千九百二十五日。除四十八周甲子整數、餘四十五日。是由前九年正月朔日辰加四十五日、即得後九年正月朔日辰也。蓋古以十二月平分、以二十九日五千三百零五八爲朔實、一大一小相間、謂之平朔。東漢劉洪作乾象曆、始知月有遲疾。北齊張子信積候二十年、始知日有盈縮。唐初傅仁均乃以月行遲疾與日行盈縮相權、謂之定朔。李淳風麟德曆始用之。僧一行大衍曆又發明之。於是始有四大四小之月。定朔與平朔有差、至一日之時

七

者然必先得平朔而後可以求定朔今曰經朔蓋合朔常數也得此常數再以遲疾盈縮加減之斯得定朔矣

校補 求定朔之法固莫碻於日躔月離之比例也惟數繁不可猝得乃按交食提算有朔策諸表頗爲簡易且可上推下推千載不難與步躔離之比例無異若第用此經朔而欲以遲疾盈縮加減之似覺無甚可憑也俗術竟有用此經朔以爲即得月之大小者其間實有不能與推步相合者也

合朔後三日月見西方尚書所謂哉生明是也然有朔後二日即見者更有晦之晨月見東方朔之夕月見西方者世人偶一見之遂謂曆之失朔矣不知月之隱見遲疾其故有三一因黃赤道之升降有斜正也春分前後各三宮黃道斜升而正降月離此六宮則朔後疾見秋分前後各三宮黃道正升而斜降月離此六宮則朔後遲見一因月距黃緯有南北也月距黃道北則朔後見早距黃道南則朔後見遲一因月視行之有遲疾也月視行爲遲曆則朔後見遲晦前隱遲視行爲疾曆則朔前見早晦前隱早此皆有定數之可推步者也見曆象考成

太陽

太陽行度三百六十五日二十三刻五分有奇而一周如今

年冬至日躔起星紀初度初分至明年冬至三百六十五日二十三刻五分已足日躔復至星紀初度初分是爲一周天即歲策也當與炁法參看
校補 按考成後編歲策爲三百六十五日五時三刻三分五十七秒有奇此作五分有奇五字當是三字之訛

舊法太陽日行一度今惟雨水驚蟄寒露霜降日行一度立冬立春日加一分春分清明秋分白露日減一分穀雨立夏處暑立秋日減二分小滿至大暑日減三分此冬盈夏縮之畧也每節炁中又各有加減霜降大雪小寒加一分冬至穀雨芒種加二分大暑小暑加三分春分雨水加四分小滿加五分立夏小雪減二分驚蟄清明減三分立春立秋減五分白露寒露減七分立冬減八分惟夏至處暑秋分大寒無加無減

校補 按周天十二宮三百六十度太陽三十日過一宮此約略言之者也其實以歲策三百六十五日二四二三三四四二〇一四一五除周天三百六十度太陽每日平行得五十九分零八秒一十九微有奇再分順逆各六宮由引數以求加減均數非按表推步蓋不能得其每日之實行也第云某節加若干分某節減若干分曆法有此易易乎且推太陽當用曆象考成後編數若仍用上編每日實行稍差以大則合朔弦望節炁交食無不失之矣

附論日晷

曆數以太陽爲綱領。古人測景定時。首創土圭。後世算術日精。以法就天。馭天遂有高弧倒直影諸妙。推而廣之。制器雖不下百餘種。可以三端約之。其一以節氣出地爲本。其一以羅經出地爲本。其一兼用羅經節氣而用羅經。可不用節氣。用節氣可不用羅經。要未有不本北極出地而可隨處得實在之眞時者也。今之通用日晷。嶽製居多。其作牽線平晷。不知北極出地隨處不同。而線影之高下恒膠於一。其作登天梯晷。又誤以節氣爲出地。無怪乎巳正以前。未正以後。並與天之運行不合也。徐氏高厚蒙求論列頗爲詳備。學者第以算術摹仿之。則揆日定時之能事畢矣。

太陰

太陰行度二十七日三十一刻有奇而一周。（古以極疾爲周天。靈犀曆譜獨以極遲爲周天。訣云。青天有月起何時。我亦停杯欲問之。昨夜廣寒探十字。畫欄花影正遲遲。）周天之際。其行極遲。日行十一度四十餘分。（或五十餘分）約二日餘而初平。日行十二度餘。約三日餘而次平。日行十三度餘。約三日餘而初疾。日行十四度餘。（或十五度）約四日餘而極疾。又四日餘而疾末。如次平之度。又三日餘而平末。如初平之度。又三日餘而初遲。如遲末之度。又二日餘遲極而周天。

太陰每周爲一輪。古謂月轉疾行至十五度者三輪。十四度者四輪。又十五度者三輪。十四度者五輪。共十五輪周而復始。每輪復各衍五輪。共七十五輪。析爲四段。一段十八輪。二段十九輪。三段十八輪。四段二十輪。月周一輪。歲周十三輪。凡五歲餘而大周。每日除整度外。各有零分。自遲極起。逐日屢加。加至疾極而反減。逐日遞減。減至遲極則又加。加數與減數必符。三輪者加減各二百分有奇。四輪者多作百七十四十五十八十五輪者皆百八十五十四十六十九十。此新法亦古法也。唐王孝通戊寅術以進加退減曆測太陰所行。即是此法。

校補 曆象考成後編。太陰每日平行十三度一十分三十五秒零一微有奇。而實行則有最大十五度餘。最小十一度餘之不等也。法自平行而求一平均。二平均。三平均。得用平行。再求初均。二均。三均。末均。得白道實行。再求升度差。乃得黃道實行。諸表極其繁難。斷非十五輪之約略可得者也。

五星

五星行度皆起於伏合。伏合之際。其行極疾。疾而遲。遲而留。留而退。退而復留。留而遲。遲而疾。疾則復合。以遲疾進退之漸而分之。則有初末之不同。晨夕之各異。木火土三星。留則與太陽三合。退則與太陽正冲。合伏後行太陽之西晨

則見。正冲後行太陽之東。夕則見。金水二星附日而行。其退
不與太陽冲。仍與太陽合。順合後行太陽之東。夕見於西方。
退合後行太陽之西。晨見於東方。**校補**五星晨夕伏見圖詳末卷
與日同度曰合。與日對度曰衝。近日不見曰伏。東行曰順。
西行曰退。不東不西曰留。五星極疾。木星日行十五分。火
四十八分。土八分。金七十六分。水一百餘分。水星三輪上一百零八分
中一百一十六分下一百一十二分皆漸遲至一分而留。退初退一分。水至
八分。火至二十四分。土至六分而冲。金至三十六分。水至
六十三分而退合。皆退至一分而留。順初進一分。各疾至
極疾之分而復合。

校補曆象考成上編有五星表。中西天文算學精蘊大成亦有五星表。其土星年根比上編小三十分今遵用之是爲推步門徑。次則土木火三星可按五
緯捷算各表。以周天進退加減之。而金水二星之捷算則
不可用也。金水行度疾於土木火。用捷算恐難求准。必按
推步法始免有差。且用考成上編推步金水。亦必改用後
編太陽平行。以爲金水之平行也。

木星

木星合後一百三十六日二十二刻四分。進二十一度二十
一分。西距太陽一百一十五度而晨留。留五日而退。晨退五
十八日四十八刻。退四度三十四分又一分而冲。夕退同共

一百一十七日退九度九分。東距太陽一百二十度而夕留。留五日而順。順進日度與合後同。共三百九十八日八十八刻四分。進三十三度三分而復合。十三年又三百一十五日而周天。

舊法三百九十八日八千八百分。行三十三度六十三分七秒五微而一合。以今法推之。得三百九十八日八十四刻八分。行三十三度八分四十八秒零。

校補 木星每日平行四分五十九秒。捷算以十二年以節計十二年閏日三行十二宮零四度二十五分。積八十三年內閏日二十行天七周。越一十二分。而恒星亦東行一度十二分。木星又行十二日零三刻。追及恒星。故八十三年一大周天留退留順俱七十六次而超一辰。以宿度推之。比前縮一度宮度不縮計九百九十六年超十二辰。復於故處謂宮度上推一大周天加一度。下推一大周天減一度以宿度計

火星

火星合後三百四十七日四十刻零九。進二百一十四度一十四分。西距太陽一百三十度而晨留。留二日而退。晨退四十日四十八刻。退九度五十分而冲。夕退同。共八十一日退十九度四十分。東距太陽一百三十二度而夕留。留二日而順。順進日度與合後同。一日少共七百七十九日八十一刻二

分。進四百零八度四十八分而復合。一年又三百二十一日
九十三刻一周天。
舊法七百七十九日九千三百九十分行四百一十四度
六十。九分零四而一合。今法七百七十九日八十一刻二
分行四百零八度四十八分與曆譜合。
【校補】火星每日平行三十一分二十六秒又三分秒之二
提算以每一平年三百六十五日為平年。三百六十六日為閏年。三平年後必有一閏年。每年五
小時三刻三分五十七秒四十一微之所積也。行六宮十一度十七分又四分分
之一。歷二平年周一周天越二十二度三十四分半約二
平年又五十日為沖合退順周卒七十九年十九內閏日行四

十二周天越一度又三分度之二為大周天退順沖合俱三十七次
而恒星亦東移一度八分有奇故以宿度計之第八十年
與第一年恒同惟留退前兩月至留順後兩月共二百餘
日內其度進於前一大周土推一大周天用減法下推一
大周天用加法進度自一度至五度不等另有表茲不贅

土星

土星合後一百二十日四刻四分進九度四十分西距太陽
一百一十度而晨留留五日而退晨退六十四日四十八刻
退三度三十三分又一分而沖夕退同共一百二十九日退
七度七分東距太陽一百一十五度而夕留留五日而順順

進日度與合後同共三百七十八日八刻八分。進十二度十二分而復合。二十九年又一百一十五日二十五刻一周天。
舊法三百七十八日九百一十六分行十二度八十四分而一合。今法得三百七十八日八刻八分行十二度三十八分零。
校補土星每日平行二分零三十六微。捷算以積二十九年。(内閏日七)又一百五十四日二小時弱行天一周。五十八年(内閏日十四)又三百零九日三小時行天二周。而恒星已東移五十一分有奇。土星又行二十五日十二小時追及恒星。再加三十日零九小時始足五十九年之數。而土星越一

度一分。故以宿度推之五十九年一大周天。(留退留順俱五十七次)比前進一度。上推一大周天減一度。下推一大周天加一度。

金星

金星合後二百七十日四十三刻五分進二百九十四度三十三分東距太陽三十度而夕留。留一日而退。夕退二十日四十八刻退七度四十分而合晨。退同共四十一日退十五度二十分西距太陽二十八度而晨留。留一日而順。順進日度與合後同共五百八十三日八十六刻九分進五百七十三度四十六分而復合。一年一周天。

舊法五百八十三日九千零二十六分。行五百八十三度
九分零二而一合。今法得五百八十三日八十六刻九分
行五百七十三度五十一分零。
校補 金星每日繞日行一度三十六分零七秒四十六微。
捷算以積二百二十四日十六小時三刻四分繞日一周
五百八十四日與日地同度二次（合伏一次 退合伏一次）。為順逆伏
留周率。蓋地繞日一周又行七宮六度。金星繞日二周亦
過七宮六度也。八年（內閏日二）順逆伏留五次為大周天。（繞日十三）
次上推下推進退度另有表。茲不贅。
金星過日面恒近冬夏二至。有一定時。而二次相距之年

不等。大率初八年。次一百二十二年。次八年。次一百零五
年。周而復始。前清第一次乾隆二十六年五月。第二次三
十四年五月。第三次同治十三年十一月。第四次光緒八
年。大雪後附識於此。以便後推。
水星（分三輪）
上輪合後四十二日四十二刻一分進五十七度三十二分。
東距太陽十六度而留。退夕退十一日四十八刻退七度十
四分而合。晨退十一日四十八刻退七度三十三分共二十
三日退十四度十七分。西距太陽二十八度而留。順順四十
九日四十二刻進七十一度十五分共一百一十四日八十

四刻一分進一百一十四度而復合。
中輪合後四十五日四十二刻進六十六度五十六分東距太陽二十一度而留退夕退十一日四十八刻退七度二分而合晨退十日四十八刻退六度四十分共二十二日退十三度四十二分西距太陽十六度而留順順四十一日四十一刻十四分進五十五度四十一分共一百零八日八十三刻十四分進一百零八度五十五分而復合
下輪合後四十八日四十二刻二分進六十六度退八分東距太陽二十度而留退夕退十一日四十八刻退七度五十二分而合晨退十一日四十八刻退七度二十一分共二十三日退十四度十三分西距太陽二十度而留順順四十九日四十二刻一分進六十六度五十一分共一百二十日八十四刻三分進一百二十九分而復合一年一周天。
舊法一百一十五日八千七百六十分行一百一十五度八十七分六秒而一合每歲三合今作三輪尤爲精密。
校補 水星每日繞日行四度零五分三十二秒半捷算以積八十七日二十三小時一刻一分繞日一周一百十五日二十一小時一刻與日地同度二次（合伏一次退伏合一次）爲順逆伏留周率蓋地行三宫二十四度十四分水繞日一周又行三宫二十四度十四分也三十三年（内閏日八）順逆伏留

一百零四次爲大周天。繞日一百三十七次上推下推進退度另有表。茲不贅。

水星過日面。在正交點近小雪。在中交點近小滿。分計之在正交點約十三年或七年一次。率三次相距俱十三年。一次相距七年。在中交點亦然。然此約言之耳。水星道與黃道之交角大故時或不合。當以二百十七年一交之終計之。其次周而復始也。水星近日。用以攷日之視差不便。故非若金星之當詳測焉。前清道光二十八年咸豐十一年水星過日面。

論五星未用撱圜之故

曆象考成上編日月五星皆用平圜道。後編日躔月離改用撱圜道。而五星未有改推之立成表也。考五星行撱圜與行平圜所差甚微。談天云行星因攝動不復成撱圜。亦無他曲線可比擬。是也。且各星道根數之變亦甚緩。必積之最久。乃可略見。非若日躔月離之於節氣晦朔交食有關。未定考成後編以前日月猶歷用平圜則知五星雖行撱圜而平圜亦未嘗不可復用也。必欲參究撱圜須按西士力佛亞理於前淸道光二十三年測定之各星最大兩心差以爲根數。土星道〇、〇八四九一九。木星道〇、〇六一五四八。火星道〇、一四二二四三。金星道〇、〇八六七

一六水星道。○二二五六四六更以橢圓面積角度諸法
求之可也。

論金水二星與土木火不同

西法五星分三類。土木一類。火一類。金水一類。然火行雖
速於土木。究與土木同爲外行星之類。若金水二星在地
行道之內。有與土木火迴殊者矣。曷以見金水在地行道
之內也。土木火能合日又能冲日。合日時日在星地間。冲
日時地在星日間。遲留逆行皆在冲日前後。金水二星能
合日不能冲日。上合時日在星地間。下合時星在日地間。
遲留逆行皆在下合前後。自地視星無時不在日左右。此

金水在地道內之一証也。西人以大千里鏡窺星象見土
木二星常如滿月。火星雖或小虧。不過八分之一。星道包
地道。故在地視星與日照星之方向畧同。金水二星如月
有弦望有時光僅一線。有時過日面如黑斑。此金水在地
道內之又一証也。故土木火三星以地心推其躔度與以
日心推其躔度所差無多。金水二星當退合時。地心推得
之度與日心推得之度恒相反。然曆家以人目所見爲據。
亦以推得於地者爲二星之實行也。見五緯捷算。

四餘【校補】有四餘辨僞說見卷之一

四餘起箕初尾末。皆以旬計不以日計。以分計不以度計。與

舊法異。

舊法紫炁二十八日行一度。月孛九日行一度。羅計十八日半行一度。乾隆甲申改用今法。

校補 按四餘之月孛卽太陰之最高行也。四餘之羅睺計都卽太陰之正交中交也。曆象考成推步表各有年根。何得概言起於箕初尾末。

紫炁

紫炁起箕初順行。每旬行二十一分。日行二分六秒 五旬則減一分。歲行十二度二十九分。二十八年一周天。天度二萬一千六百分。二十八年合十閏。得一千零二十八旬。每旬二十一分。當行二萬一千七百九十八分。五乍減一分。轉歉九分。宜一百一十五旬則少減一分。恰足二萬一千六百分之數而周天。

校補 按炁生於閏。以爲木之餘。此舊說也。愚謂炁生於閏。不但與木星無關。不得強爲木餘。與七政亦並不相屬之。甚矣。曆象考成詆其無憑起算。已將步法刪去。世俗不察。猶用俗本曆書。以爲四餘之不可缺一也。烏足以語曆學哉。本館曆書不用四餘。而推步太陰。又未嘗不以月孛羅計三餘爲過道也。

月孛

月孛亦起箕初順行有遲有疾疾行五旬行六度遲行一旬一度歲行四十九度九年一周天

孛星極疾旬行七十一分二旬則減一分以次而減至旬行六十二分而極遲又二旬而加一分以次而加至旬行七十一分而疾極總計九年得三百二十四旬而周天

校補 按月孛步法曆象考成上編用太陰最高平行後編改用最高實行兩法並推相差頗大是未有後編以前所謂月孛行度均非真度也然此不必過較月孛之數乃藉所以推步太陰者今用後編法雖比上編為精亦不得以為一星而加入選擇之例也羅計亦同

羅計

羅睺計都起於尾末對度逆行每歲中兩遲兩疾歲行十八度五十餘分十八年又一百八十日而周天

羅計三輪遲留後皆旬行一分或二分三分次數分十餘分二十餘分漸至三十餘分四十餘分五十餘分極疾則六十餘分凡三旬而又減旬行五十餘分四十餘分三十餘分漸至二十餘分十餘分數分一分而復留留處即交初交中也十八年半合閏月共六百八十七旬而周天

校補 按羅計步法曆象考成上編以太陰中交為羅睺正交為計都皆平行也後編改推正交實行為計都加減六

宮得羅睺。較上編雖加精密。亦太陰步法之精密也。用之選擇則非理與月孛相同

原跋　原刻此末分明失著述例謹正之

予嘗留心天文曆數之學。因上求之經傳史策及百家紀載之書。潄其芳潤。擷其英華。手披筆記。日不暇輟。如是者若干時。輒不可得。又下求之陰陽卜筮星命等書。猝猥鄙可笑。亦間有可采。尋糠中之米。撿沙中之金。輯而有之。以備一說。如是者又若干時。亦不可得。因出而求之天下士。或懐贄尋師。或即門訪友。與老師宿儒游。兼及江湖緇羽之流。即一知半解。片語隻詞。必窮其究竟。探其根源。退則筆之於書。如是者又若干時。始稍稍得其法。歸而獨處一圜。當風亭月榭之間。鳥語花香之際。焚香默坐。神與天游。雨夕風晨。每忘寢食。如是者又若干時。始稍稍得其理。由是出向所得之簡編得之傳聞得之冥悟者。參覯而合究之。而後知曆理雖深。曆術實淺。著書立說者往往以深文出之。一切俚俗淺陋之說。輒鄙夷不屑道。故其說僅見於諸般雜書。而經史傳記。轉不載其法。僅傳於九流雜術。而文人學士皆不知。此編雖泥沙並下。玉石兼收。難躋大雅之堂。然諸法畧備。亦可為窮鄉僻壤有志曆學者蹄筌之一助。一圜主人識。

校補天元選擇卷六終

校補天元選擇辨正卷之七

資中謝鄉甕一園氏輯　王元極校補

華陽天昌館周宗璞參訂

楊天佑繪圖

日知錄　顧寧人炎武著

選擇家以干支二十二名推論神煞杳無根據天元歌所爲一洗而空之也久欲採輯經史以証干支之謬及讀顧公此書則先我爲之矣因摘錄若干條庶閱者憬然思釋然悟。

校補　天星固天時也干支亦未嘗不應天時也考漢書藝

文志有鐘律叢辰日苑二十卷。又有轉位十二神二十五卷。文解六甲十八卷。其書雖亡。顧名可以思義。而建除之名。褚少孫補史記已有之。可見干支神煞。實不起於翼奉以紿單于也。況以禮曲禮外事用剛日。內事用柔日。詩小雅吉日惟戊。吉日庚午之類。徵之。豈亦以紿單于者乎。不過有爲俗術所增者。不得不察其僞而掃之耳。若謂干支不應天時。何以燕知戊日不啣泥。蝙蝠遇庚申日亦伏。而不出也。物猶如此。人豈不知。前清乾隆定協紀辨方一書備詳干支神煞。去僞存眞。久爲人民利用。故清一代之時憲例。以干支爲通曆。惟臧七政臺本少落鄉村。淺見寡聞者。遂徒知有干支。而不知有天星矣。天元歌執意推崇天星。醜詆干支爲烏有。已不免矯枉過正。謝一園復從而附和之。究竟未識天星推步實測之妙。徒肆棒喝虛空無怪百年來天星未聞發明。干支亦未聞扑滅也。本舘所出選擇辨眞曆書天星干支雙方致用。理數均有可憑。茲校日知錄所引雖極淵博。究屬文人固執之談。權存以備一說可也。

爾雅疏。甲至癸爲十日。日爲陽。寅至丑爲十二辰。辰爲陰。此二十二名。古人用以紀日。不以紀年。年則自有閼逢至昭陽十名爲歲陽。攝提格至赤奮若十二名爲歲名。周禮哲簇氏掌十日十有

二辰十有二月十有二歲之號。曰謂從甲至癸。辰謂後人謂
從寅至丑。月謂從陬至荼。歲謂從攝提格至赤奮若。
甲子歲癸亥歲非古也。自漢以前。初不假借。史記歷書太初
元年年名焉字即閼逢攝提格。月名畢聚。日得甲子。夜半朔旦
冬至。其辨晰如此。呂氏春秋序意篇維秦八年。歲在涒灘。秋
甲子朔。賈誼鵩賦單閼之歲兮。四月孟夏。庚子日斜兮鵩集
予舍。許氏說文後序粵在永元困頓之年。孟陬之月。朔日甲
子。皆用歲陽歲名。不與日同之證。資治通鑑周紀一起着雍攝提格盡玄黓困頓亦用
古法。自經學日衰。人趨簡便。乃以甲子至癸亥代之。子曰觚不
觚。此之謂矣。
按古以正月爲陬。二月爲如。三月爲寎。四月爲余。五月爲

皐。六月爲且。七月爲相。八月爲壯。九月爲玄。十月爲陽。十
一月爲畢。十二月爲荼。以閼逢旃蒙柔兆彊圉著雍屠維
上章重光玄黓昭陽爲歲陽。以攝提格單閼執徐大荒落
敦牂協洽涒灘作噩閹茂大淵獻困頓赤奮若爲歲名。升
菴集古之干支。只用書日。不以紀年。紀年則用歲陽歲名。
故司馬公通鑑紀年以閼逢攝提格等名。蓋有存古之義。
不知者議之以爲不若直用甲子。乃不學之過也。
校補 日知錄謂爾雅疏甲至癸爲十日。日爲陽。寅至丑爲
十二辰。辰爲陰。此二十二名古人用以紀日。不以紀年。紀
年則自有閼逢至昭陽十名爲歲陽。攝提格至赤奮若十

二名爲歲名。即以爾雅駁之。其釋歲陽也。有太歲在甲曰閼逢。至在癸曰昭陽十名。其釋歲名也。有太歲在寅曰攝提格。至在丑曰赤奮若十二名。是歲陽歲名爲干支二十二字之代名詞也明矣。不然。曷不但言閼逢十名。但言攝提格十二名。而必冠以太歲在甲太歲在寅云云。謂古人不以甲子紀年。每舉歲陽歲名。取其與紀日有別。似也。謂古人所用歲陽歲名。絕不與干支相涉。則太歲在甲曰閼逢。太歲在寅曰攝提格之文。寧不矛盾之至。所以東漢以來。漸舍歲陽歲名而直用甲子者有之。至三國兩晉間。遂通用甲子。而後此亦復有用歲陽歲名者。則必出於文人

之好古自異者也。如日知錄所論。必欲執古。而以甲子紀年爲非。試問爾雅月名有謂正月爲陬。二月爲如。以至十二月爲荼。亦古名也。將謂書之正月。上日詩之二月初吉之類。不用月名。亦不得奉爲典要。而且强改今之正月必爲陬月。二月必爲如月。以至十二月之必爲荼月也。可乎。不可。知月名之不必强用代名詞。即知紀年之不必强用代名詞也。豈待智者而後辨哉。必謂古人紀年並用歲陽歲名。春秋爲編年之書。何以閼逢十名攝提格十二名。絕不一見。而所紀甲子。如隱公己未元年之例。日知錄謂己未二字。出於杜預之追加。固也。然謝註有引竹書紀年謂

堯元年爲丙子又何說乎以後論甲子紀歲各條毋庸贅辨
宋劉恕通鑑外紀目錄序庖犧前後逮周厲王疑年茫昧借
日名甲子紀之是則歲之用甲子也借也何始乎自王新始
也王莽下書言建國五年歲在壽星蒼龍癸酉又言五鳳七
年歲在大梁蒼龍庚辰厥明年歲次實沉蒼龍辛巳隋書歷
律志王莽銅權銘歲在大梁龍集戊辰又龍在巳巳歲次實
沉自此後漢書張純傳言攝提之歲蒼龍甲寅朱穆傳言明
年丁亥之歲荀悅漢紀言漢元年實乙未也曹娥碑元嘉元
年蒼龍在辛卯蜀郡造橋碑維延熹龍在甲辰而張角訛言
蒼天已死黃天當立歲在甲子天下大吉以白土書京城寺
門及州郡官府皆作甲子字矣

王莽詐爲符命攘竊漢鼎其法已是大謬然當時稱歲在
壽星歲在大梁實據歲星言之謂是年歲星在某次非謂
紀歲之歲也故以甲子代歲陽歲名則稱龍以別之至張
角假鬼神時日以惑衆訛言歲在甲子直誤以歲星之歲
爲歲陽歲名之歲其謬已極後世文人學士承而用之遂
延誤至今而不知實始於左道之誑言也選擇家以七政
之本於經史者不知用以甲子之始於王莽張角之徒者
競用之何不自愛如此也
以甲子名歲雖自東漢以下然其時制詔章奏符檄之文皆

未嘗用之其稱歲必曰元年二年稱日乃用甲子如己亥格庚辰制壬午兵之類皆日也惟晉書王廙上疏言臣以壬申歲見用爲鄖陽內史按懷帝以永嘉五年辛未爲劉聰所執愍帝以建興元年癸酉即位中間一年無主故言壬申歲後代之人無大故而效之非也李嶠上書亦言臣去乙亥歲按當時嶠據隴西改元庚子不用晉年號故言乙亥歲晉書中以甲子名歲者僅此兩見

或疑通鑑言庖犧作甲曆干支相配六甲一轉天度一周年以是紀而歲功成月以是紀而朔望定晝夜以是紀而時日分似年月日皆用甲子紀之矣不知六甲一轉天度一周明屬紀日非紀年月也商書惟元祀十有二月朔乙丑乙丑日也歲則惟書元祀周書惟十有三年春大會於孟津下文戊午王次於河朔戊午日也歲則惟書十三年固知古人只以紀日不以紀年也

自三國鼎立天光分曜而後文人多舍年號而稱甲子魏程曉贈傅奕休詩龍集甲子四時成歲晉張華感婚賦方今歲在己巳將次四仲陸機愍懷太子誄龍集庚戌日月改度陶潛祭從弟敬遠文歲在辛亥月惟仲秋自祭文歲惟丁卯律中無射後周庾信哀江南賦粵以戊辰之年建亥之月梁陶隱君眞誥亦書己卯歲至杜預左傳集解後序則追言魏哀王二十年太歲在壬戌矣吳後主國山封禪文旃蒙協洽之年月次陬訾之口日躔重光大淵

獻日當稱辛亥而冒用歲陽歲名則又失之吳後主以歲陽歲名稱日聞者笑之後世以日辰名歲月。恬不知怪者狃於俗也始因謬談生尅假托鬼神以紿蠻夷後遂轉爲中國病是所望於讀書明理者援古證今明白辨晰以曉之。漢翼奉作日辰神煞以紿單于唐僧一行輩復增添宜忌以紿回紇謂之滅蠻經。

商毋乙卣文丙寅王錫日貝朋用作毋乙彝丙寅者日也古鐘鼎之文多有日而不月者六經中亦有之吉日庚午之類是也博古圖乃謂商建國始於庚戌歷十七年而有丙寅在仲壬即位之三年則鑿矣豈非迷於後世之以甲子稱歲而欲以之追加古人乎。

杜元凱序左氏傳追言魏哀王二十七年太歲在壬戌復朔至魯隱公元年以爲己未曆家因之以甲子追加於周於商於夏於唐虞謂堯以甲辰即位按竹書紀年堯元年爲丙子甲辰冬至日也。二十一年甲子冬至日躔虛六度謂之長曆學者不察。直謂唐虞以來皆用甲子紀歲矣。

春秋之世各國皆自紀其年發之於言或參互而不易曉則有舉其年之大事爲言者如會於沙隨之歲叔仲惠伯會郤成子於承筐之歲鑄刑鼎之歲晉韓宣子爲政聘於諸侯之歲是也。如湨梁之明年亦是又有舉歲星者如歲五及鶉火歲及大梁。歲在陬訾之口者從後人言之則何不曰甲子也癸亥也是知古人不以紀歲也。

甲子紀月。自古所無。建子建丑建寅建亥之說。以黃昏時斗柄所指地盤之方位言之。建立也。言此數月斗柄懸在下。如樹立者然。故曰建。餘皆稱指。非月之名。子名子。丑名丑。寅名寅。亥名亥也。若以甲至癸十日之名。加於每月黃昏斗柄所指之辰。以為甲子月。癸亥月。則尤經史所未有。世俗以年月干支推論生剋。謬謂年上吉神。月上凶煞。某年小利。某月大利者。直是痴人說夢。

【校補】天分十二宮。紀以子丑寅卯十二宮。亦紀以子丑寅卯十二辰。天地實相應也。歲之十二月。自當以子丑寅卯十二辰紀之。與天地相應。若斗杓指月之說。非赤道樞心之下。必有偏差。斷難執以為訓。已具辨於第三卷內。茲不贅。

古無一日分為十二時之說。洪範言歲月日。不言時。周禮言十有二歲。十有二月。十有二辰。十日。二十有八星之位。不言時。屈子自敘其生年月日。不及時。呂才祿命書。止言年月日。不及時。唐李虛中以人生年月日所值干支。推人生死禍福。百不失一。初不用時。自宋以後。乃並其時參合之。謂之八字。見謝肇制五雜俎。

選擇諸書。有所謂吉課者。即造葬年月日時所值之干支。謂之四柱。曰三合六合。曰祿馬貴人。一如八字式。以為楊公所用。不知當楊公時。即祿命家尚未有用四柱者。明屬後人偽托。不足信也。楊公所用。自有渾天寶照之法在。

校補上古之世日出而知晨日入而知夜不但無計時之器並不知一日之可分爲十二時也迨開化日久人事日繁而曆法漸密於是豎表以測晷影製漏以定時刻而鐘表西來於時刻中又有分秒之辨可謂駕古人而上之矣若猶死執不計時以爲訓不但於曆法不合試問未有甲子以前卽歲月日猶不辨也直欲復古將歲月日亦不必用噫文明而草昧世界寧有若是之傎人歟若李虛中推命之法雖未用時亦適足見年月日干支之可以效靈也

古無所謂時凡言時若堯典之四時左氏傳之三時皆謂春夏秋冬也故士文伯對晉侯以歲時月日星辰謂之六物苟子曰積微月不勝日時不勝月歲不勝時亦謂春夏秋冬也自漢以下曆法漸密於是以一日分爲十二時不知始於何人而至今遵用不衰

吳越春秋子胥曰今日甲子時加於巳范蠡亦言日加卯似一日十二時春秋時已有之史記天官書南極一星秋分之曙候於景也景丙春分之夕候於丁是地盤二十四方古亦有之自漢以後曆家漸用二十四時以天盤太陽到地盤某方卽屬某時也

校補曆家二十四時當在鐘表上分之若以天盤太陽到地盤某方卽屬某時論之有時似合而不盡合且有差至

一二時者蓋地平方位係一定之平分盤。而太陽到方則視各地北極之高下。各節氣距緯之盈縮而判之也。試檢四川省城太陽到方表。冬至卯正一刻四分到辰。夏至巳正三刻九分到辰。冬至申初三刻五分到申。夏至則午正二刻九分到申。此偏差之最大者。立竿見影。人盡知之。固不待智者而後辨也。謝氏死執渾天寶照。不悟平盤爲非。每言太陽到地盤某方即屬某時。覘天夢夢。終身不醒。已可怪矣。而後之讀其書者亦復迷而不悟。此道之所以必賴傳人也。信哉。

左氏傳卜楚邱曰日之數十。故有十時。杜預注以爲十二時。雖不立十二支之目。然其曰夜半者即今之子也。雞鳴者丑也。平旦者寅也。日出者卯也。食時者辰也。隅中者巳也。日中者午也。日昳者未也。晡時者申也。日入者酉也。黃昏者戌也。人定者亥也。一日分爲十二時。始見於此。史記天官書旦至食。食至日昳。日昳至下晡。下晡至日入。素問藏氣法時論有曰夜半。曰平旦。曰日出。曰日中。曰日昳。曰下餔。吳越春秋有時加雞鳴。時加日出。時加日昳。時加禺中。則此十二時古有之矣。

古一日十時。亦以甲至癸十名稱之。晝夜各五時。其法似從昏起。故甲乙丙丁戊謂之五夜。每夜五更。是其遺法也。

更易也言因時變易刻漏也今晝夜十二時每夜仍用五更刻漏安得盡合耶

漢書五行志言日加辰巳又言時加未冀奉傳言日加申又言時加卯吳越春秋亦言時加於巳周髀經亦有加卯加酉之言若紀事之文無用此者南齊書天文志始有子時丑時亥時北齊書南陽王綽傳有景時午時景時者丙時也日時加某云云即測天之法如周髀渾儀之屬以天盤日躔所坐之度逐時加於地盤十二支方位視太陽到某方爲某時渾天寶照即其遺製也如是日日躔角一度夜半時以天盤角一度加於地盤子上爲時加子日中時以天盤角一度加於地盤午上爲時加午後世直以時加於子爲子時時加於午爲午時術家復加以甲至癸十日之名謂之甲子時戊午時則謬矣

校補 按測天之法以天盤日躔所坐之度逐時加於地盤十二支方位此方位分三百六十度是地平經度分九十六刻是赤道時刻每度得時四分視太陽加臨某時幾刻幾分只爲定時法不爲到方法本舘匾渾天儀實本此以製而謝氏渾天寶照誤以定時即爲到方失之遠矣若術家以甲至癸十日之名加於十二時有甲子時戊午時云云則由以甲子紀月之例推演之者也干支五行根於河

洛氣數本有流通之妙合年月日時而並演之矣復何怪
曆家天盤二十四時有所謂艮巽坤乾者不知其始援淮南
子天文訓子午卯酉爲二繩丑寅辰巳未申戌亥爲四鉤東
北爲報德之維東南爲常羊之維西南爲背陽之維西北爲
蹏通之維又云斗指報德之維則立春指常羊之維則立夏
指背陽之維則立秋指蹏通之維則立冬四維即所謂艮巽
坤乾也後本省文取卦名當之耳

曆家二十四時在地盤不在天盤天盤只有十二宮地盤
始有二十四方以天盤太陽到地盤某方即屬某時艮巽
坤乾在洛書九宮亦只是地盤不是天盤雖淮南子以此
訓天文觀其二繩四鉤之說當是渾天儀四角懸挂維繫
之狀即斗指某維亦謂天盤斗柄指地盤艮巽坤乾方位
也

校補 曆家二十四時固不在天盤亦必不在地盤也蓋一
日十二時又分爲二十四小時以子正爲初時丑初爲一
時丑正爲二時以至亥正爲二十二時子初爲二十三時
天算各書中表例具在彼謂天盤太陽躔於艮巽坤乾或
甲丙庚壬或乙辛丁癸各次者乃曆數太陽僞法耳謝氏
闢之誠爲有見何以又言天盤太陽行到地盤某方即爲
某時仍不免爲僞法之所圍也至淮南子斗指報德之維

則立春云云亦非確論以斗杓指月隨地偏差不同已具辨於第三卷內茲不贅

一日十二時計刻則以百刻爲日靈樞經漏水下百刻以分晝夜說文漏以銅受水刻節晝夜百節隋書天文志黃帝創觀漏水制器取則以分晝夜其後因以命官周禮挈壺氏即其職也其法總以百刻分於晝夜梁天監六年帝以晝夜百刻分配十二辰辰得八刻仍有餘分乃以晝夜爲九十六刻一辰有全刻八焉（漢哀新莽以百二十刻爲日梁武以九十六刻爲日）

古用萬分日法蓋一日析爲十時時析十刻故有百刻刻析百分故有萬分其法本古明白自漢以來一日分爲十二時百刻萬分之法仍泥於古而不變故辰得八刻仍有餘分其法遂不易曉五代之際遂至晝夜昏曉皆失其正宋邵康節皇極數又析一日爲十二萬分朱子曰即萬分已自多了他如何肯用十二萬分故今法止用九十六刻刻析十五分計一日得一千四百四十分較古法十省八九朱子已早見及此矣

校補 古未有鐘表其候時利器固莫妙於銅壺滴漏也今則鐘表流通無處不有而且便於攜帶不似滴漏有求壺複壺廢壺建壺平水壺之繁重安置也鐘表行而滴漏廢足徵世界之進化乃有某某曆書標題本館置有銅壺滴

漏云云。欲以熒世惑俗。而時人果爲所圍。愚蓋不能無慨焉。茲校謝氏原本。此節附有銅壺滴漏法一條。特刪去之。以免再爲世俗累也。

三代以前擇日皆用干。郊特牲郊日用辛。社日用甲。召誥丁巳用牲于郊戊午乃社于新邑則詩吉日惟戊既伯既禱穀梁傳六郊不必用辛社不必用甲月上甲始庇牲。十月上甲始繫牲。月令仲春上丁命樂正習舞釋菜。仲丁命樂正入學習樂。季秋上丁命樂正入學習吹。春秋秋七月上辛大雩。季辛又雩是也。秦漢以下始多用支。如午祖戌臘。三月上巳祓除。又正月剛卯之類是也。盧植月令說甲至癸日也。子至亥辰也。郊天陽也。故用日。藉田陰也。故用辰。蔡邕月令章句云日幹也。辰枝也。有事於天用日。有事於地用辰。此漢儒之說。考之於古無用支之証。夏小正二月丁亥萬用入學二月不必皆有丁亥蓋夏后氏始行此禮適值丁亥而用之謂以支取亥者非。十干爲日。所以紀日之十數。古無初一初二之目惟以甲至癸十名紀日初旬稱上中旬稱仲下旬稱季以別之十二支爲辰。所以界天之十二宮。日自日。辰自辰。不相涉也。何古人紀日則合而演之。其合也。借也。僅以十干紀日。太促而難分。因借宮辰之名以配之。斯取數寬而人易辨。即通鑑疑年茫昧。借日名以紀之之義。而其用實不在支。故虞書只言辛壬癸甲。三代擇日亦僅辨剛柔也。月令言其日甲乙。其日丙丁。未嘗曰其日子丑。其日

寅卯自經學日衰今不稽古於是遂有以辰名紀日而直以爲子日丑日寅日卯日者

校補 干支會演爲六十甲子用以紀日其來古矣書伊訓惟元祀十有二月乙丑伊尹祀于先王召誥惟二月旣望越六日乙未王朝步自周洛誥予惟乙卯朝至于洛師多方惟五月丁亥王來自奄畢命惟十有二年六月庚午朏越三日壬申王朝步自周之類皆干支合紀之証也必謂古人用干不用支用支爲借用直詆午祖戌臘之爲非則造甲子者直一多事耳何以第徵之於書已覺甲子紀日之累累也

觧縉封事言治曆明時授民作事但申播種之宜何用建除之謬方向神煞事甚無謂孤虛宜忌亦且不經東行西行之論天德月德之云臣料唐虞之曆必無此等之文所宜著者日月之行星辰之次仰觀俯察伏合順逆七政之齊正此類也

姚秋農先生陽宅闢謬云吉凶諸神煞創自術家繁亂紛紜拘而多忌嘗考公劉于豳胥宇祇相陰陽衛文望楚營宮惟言星日方向之神煞固涉荒唐日時之神煞尤屬僞造宅運吉則雖凶煞不靈宅運凶則選吉神罔效榮枯生死須辨天心蔣氏所謂遊年卦例禍福不兆豈欺我也是

知選擇必歸重天星不在談神道鬼之謬法也

校補 按解大紳姚正甫之說皆以干支神煞爲謬而積極推重天星藉以振聾發瞶誠有功於天學者惟闢干支而不知干支之不盡荒唐也重天星而不知天星之所以奧妙也於是一味虛唱使閱者無從下手茲爲校補執兩用中不惜以訣授人庶於選擇前途開一坦蕩云爾

三代以上人人皆知天文七月流火農夫之辭也三星在天婦人之語也月離于畢戍卒之作也龍尾伏辰兒童之謠也後世文人學士有問之而茫然不知者矣若曆法則古人不及近代之密

近世士大夫惟高談闊論是務輒視天文曆數之學爲小道而不爲故其法徒寄於山澤之癯方外之士文人學士咸視天夢夢問以星象皆不知即間有一二講求遺法者率多拘執古本其甚者復矯枉過正類不適於時其挾南車走四方以謀衣食者又恒昏迷于天象而專究心於荒杳無稽之神煞以文其陋而售其技遂使選擇諸書同於鬼籙七政四餘有不知爲何物者又安望其得陰陽五行之正爲人造福哉蔣公所爲於地理辨正之後又大聲疾呼而有天元選擇之著歟

校補 近代曆法之密固不止兩大交食也而交食尤其顯

著者考漢以前無測食之術春秋二百四十二年僅書日食三十七次戰國至秦僅書日食九次是見則書之其遇陰雨而不知者多矣自漢以來諸曆代興至隋而日食二百九十有三食於晦者七十七晦前一日者三初二日者三則其有術之初甚疎也唐至五代一百一十食於晦者一初二日者一則由疎而密矣宋一百四十八無晦食者更密矣然推食而不食者十有三元四十五亦無晦食然推食而不食食而失推者各一夜食而書晝者一明一百零二次推食而不食者一月食亦有未合者萬曆戊戌七月夜望曆推見食九分有奇實測十分有餘天啟丙寅十二月望曆推初虧一更一點實測初虧在晝其時算術尙疎也厥後採用西法食分食時始得密合至清而集曆法之大成所定曆象考成兩編更加精詳垂三百年之交食益未有術與天之不相應者也

原跋 原刻此未題明失著述例謹正之

近人選擇率用年月日時之干支不知古人作干支祇以紀日不以紀年紀月紀時也 校補辨 已見前 昔人絕不用此吉凶內外但辨剛柔修造葬埋惟言星日藉日精月華之瑞發松生嶽降之靈以福生民以輔氣運此陰陽之學高出術數禁忌之以干支論生克推神煞者不啻萬倍今觀其法

轉多勦襲諸家。牽掣傅會。荒誕支離。而不當理者何哉。正學未得其傳。假之他術以文其陋也。一人興其波。衆人助其瀾。遂至滔滔皆是。眞若天地間無時無處。不有無數鬼神。何察於干支二十二字之旁。苟用一字。上而天神。下而地祇。中而人鬼。莫不畢集。此理之必不可信也。理不可信。即法不可通。外理而談術數。世之愚也。昧理而信神煞。俗之惑也。【校補】按此說爲迷信無稽神煞者痛下一針砭。未嘗不令我輩讀之。慄然思而釋然悟也。惟將干支神煞之出於河洛八卦者。一概抹去之。未免矯枉過正。有失協紀辨方利用前民之旨耳。地理之論神煞。不過曰正神零神宮神照神。山煞水煞風煞。是數者有形者也。天地之氣附乎形。天地之靈著於氣。【校補】此論理氣神煞頗中肯綮。惟信理氣神煞而不信選擇神煞。未免出於一偏之見也。干支二十二字。其名也。無形者也。無形則無氣。無氣則無靈。無靈安得有神。安得有煞。王仲任論衡云。積分爲日。累日爲月。連月爲時。紀時爲歲。此日月積聚之名爾。何故有神立於其位乎。即謂有神。神莫大於日月。莫妙於五星。何俟乞靈干支。以求神煞哉。世有以此構禍者。非神煞也。天也。亦人也。人作不善。天降百殃。術者輒假神煞以紿之。且多創爲詭異怪誕之名以唬之。於是遂有久殯不葬。棺槨朽壞。竟同棄屍者。亦有浹旬不殯。屍變臭腐。人莫敢近者。孝子慈孫。睨而視之。其顙不泚。何哉。畏禍心甚。仁孝之心遂泯也。使術者以爲可殯可葬子若孫未有不殯不葬者吾願大千世界恒河沙數之地師打破疑團同遵正路無忌神煞無拘干支（用干支忌神煞當去偽存眞勿似俗師之一概拘忌可也）殯不出三日葬不過逾月其功德當與掩暴露之屍骸同一浩大也一園主人識

校補天元選擇卷七終

校補天元選擇辨正卷之八

王元極校補

資中謝鄉癯一園氏輯

華陽天昌舘周宗璞參訂

楊天佑繪圖

造命式

選擇之有造命仙乎神乎技至此乎予用之三十餘年眞覺天光發新地靈效順陰陽在抱造化從心略舉數條爲式願學者同造無疆之福也

天元造命法惟用渾天寶照候日月五星到山到向拱夾合照俾死者稟受陽光復生吉命以返元陽故不用亡命生命

並不用四柱以造命元機不在干支生克也諸圖式天盤不具三垣列宿及宮辰度數惟界一天河知天河起訖垣宿宮度自宛然在目所謂天河轉運者即此七政四餘惟檢成局照穴者列之其未入局與忌難諸星通不列載以免混目學者仍求之渾天寶照自得認局之法此法極正大極光明刼極精妙有鬼神合吉之機有造物同遊之樂靈犀子嘗賦渾天寶照見贈云箇中人對鏡中天天象分明在眼前按栻每逢雙璧合探星時有五珠聯指揮日月頻來往掌握乾坤任轉旋寶鑑一奩光四照願君長造福緜緜世有留心造福者乎吾願以此持贈也

校補 干支造命與天星造命分道揚鑣各有主義可以不必重天星而闕干支也況干支立命原有月將加時遇卯安命之訣又與天星立命之同出一源乎謝氏渾天寶照不解靜盤安命徒據動盤以為造命式無論所見一偏不能造福試以區渾天儀考之彼之所謂到山到向拱夾合照亦每偏差懸遠猶曰仙乎神乎技至此乎抑何自詡之不悟乎茲按四川省城北極出地三十度四十二分之地平選得民國十三年陰曆十二月十九丁酉日戌正初刻五分庚山甲向造葬一課詳明動靜兩盤以為初學選擇之標準也如圖

天星靜盤安命圖

天星動盤到方圖

右圖天星靜盤命安一宮星三度太陰即在星三度守命。火星壁八度到九宮木星箕六度到五宮成三合照命之局。金星尾十二度水星尾十四度雖雜到五宮却喜金水低於木星又同宮不同宿也。雖亦無礙於吉其動盤則取火星到申太陽木星到酉夾照庚山雖太陽木星均已入於地平之下。而上有火星到申自可取以合光夾照也。又太陰正到甲向對照庚山彼金水雖在酉辛之交只要坤申之交。不更有星湊合無論爲忌爲難我所用事之位亦終不受其影響也。

謝氏原擇課圖逐一照錄於後

酉山兼辛一度

取二月初三日戌時初一刻安厝。太陽亢十七度。此刻太陰至壁初度。正到酉山。福星壁十一。度到庚。恩星室五度到辛輔之。又太微垣帝星到向吉。○此卯春選取本日午時初二刻出癸極。太陰在室十二度。宅屬丙向。此刻日月輔恩星到向照宅故吉。

校補 按癸卯二月初三日一課以追造彼時貪中匾渾天儀考之。太陰到壁初度將過酉而交辛矣。非正到酉山壁十一度之福星乃正到酉山也。恩星室五度。亦在酉辛之交。其出極之午初二刻取日月輔恩星到丙向宅。尚屬無差。

有以此期冲犯太歲者。按星經歲星所在國吉。不可伐對冲。爲災。如歲在卯不可東征。史墨言越得歲而吳伐之。必受其凶是也。言歲星所在不可冲。非謂太歲也。所在國謂天盤十二宮分野。非紀歲之十二支。亦非地盤之二十四方也。歲星是歲星。太歲是太歲。不相同也。天有天之卯。地有地之卯。歲月日時又各有各之卯。無相混也。彼誤以歲在卯之歲。爲太歲之歲。又誤以天盤分野之卯。爲曆家紀歲之卯。並誤以曆家紀歲之卯。爲地盤辨方之卯。曰是歲所在不可冲。謬矣。

校補 按歲星在天星。歲破在干支。二者各致其用。本不相混。必執歲星以推倒歲破。未免矯枉過正之甚也。

丁山兼午迎水向

取八月初五日未正二刻一分安厝。此刻太陽張四度到未。太陰角三度到午。夾照丁山。木星亢十度到巳。水星柳十一度到申。隔一宮夾照丁山。成恩福輔日月吉局。又太微垣帝星臨山亢吉。

校補 按庚子八月初五日未正二刻一分之課。以圖渾天儀考之。太陽張四度在申庚之交。過未方遠矣。太陰角三度。亦在丙而未交午也。何取夾照丁山。水星柳十一度。已過申到庚。亦不能與巳方亢十度之木星成隔一宮夾照之局也。

此道光庚子先祖妣羅孺人葬期也。將入壙矣。友人蕭鳳山以地坐三煞。決不可葬。詣墓門力阻。予曰。適聞我來啟梆。未嘗見三煞坐此。蕭曰。此煞神也。本年坐午方。曰。自此而南。至於天末。皆午方也。彼既神矣。何處不可坐。乃坐我家墓上乎。即使坐我墓上。我以香花致告。彼當退矣。安得犯之。既葬。蕭常惴惴。恐予之有失也。予於次年舉一子。三年又生一孫。或謂值太歲必凶。予於丙午竟食餼。且比年來亦無事不吉。遠近哄傳。謂予有異術能制三煞。凡宅墓被煞占去。庸師不能措手者。輒延予驅之。可笑也。按地學最忌三煞。謂山煞水煞風煞也。地理辨正有三煞方即洛書九宮以太一所臨判衰旺生死水之正神有三山之零神有三皆煞方也凡宅墓值此者多主敗絕世俗怵其名莫得其實因祿命家有災煞歲煞刼煞之目遂謂三煞是此舉世避之如畏虎狼此不過游年之絕胎養三方耳地理家謬以此談三煞遂使倒殯橫埋不得一正邱首十載有不遷之殯九原抱痛之魂悲夫

校補 山煞水煞風煞此地理理氣之三煞也若選擇之歲災刼三煞本與祿命三煞同出一例以干支選擇談造命者必須斟酌之勿謂三煞之概可不忌也若忌三煞而謂絕不可犯以致倒殯橫埋則又三煞誤人之太甚者

資陽李某家素封以舊宅狹遷居別業蓋油坊也己酉十月為子娶婦臘月初忽縊死其母家鳴於官驗之頸有刎傷李破費不貲遂咎其宅迎予相之其宅基一犂鏵嘴也宅當其巔是乘山煞宅前田水會聚渟蓄激蕩正神也是謂水煞油榨在巳洞房樓下也咿啞撞擊是為催煞新婦壬辰生與巳同宮先天兌也兌為少女妝樓適在其上禍當新婦矣應酉年丑月者三合催煞也

川北某翁費數千金作新宅徙居未幾二子一媳同時被殺孫幾於水時癸未六月也因毀宅留右旁一棟招佃王辰九月其佃毆傷人命換一佃乙未六月又殺傷人命遂

盡毀之。於基後扞穴。自爲石槨。死既葬。丁未六月。其孫某又爲人所殺。子經其地竊視之。其宅基亦犁鏵嘴也。脉自山頂貫下。起於坤。訖於未。去其尖而宅之。湊山煞也。宅前水去極遠。重門洞開。皆作北向。零神也。轉爲風煞。宅左塘水渟積。現光於戌。零正兩兼。是搆水煞。蓋三煞齊會矣。多應未年未月。值山煞也。一應辰年戌月。太歲衝動水煞也。

【校補】按引二則。一新婦壬辰生。與巳同宮。應禍於酉年丑月。一新宅之脉。起坤訖未。水光現戌。應禍於未年未月辰年戌月。可見紀年紀月之必用干支也。謝氏力闢干支。而引案若此。何其自相矛盾之甚耶。

壬山丙向兼子午一度

取十一月二十四日辰時正一刻五分安厝。此刻太陽斗二度到辰。太陰軫十二度到未。福星心六度到巳。恩星氐七度到午。重重拱照壬山。紫炁氐十六度正到丙向。德星也。得恩福日月夾輔對照。壬山吉。

【校補】按癸亥十一月二十四日辰時正一刻五分。一課太陽斗二度到辰。福星心六度到巳。恩星氐七度到午。紫炁氐十六度到丙。俱合區渾天儀所測。惟太陰軫十二度巳到坤方。不在未也。

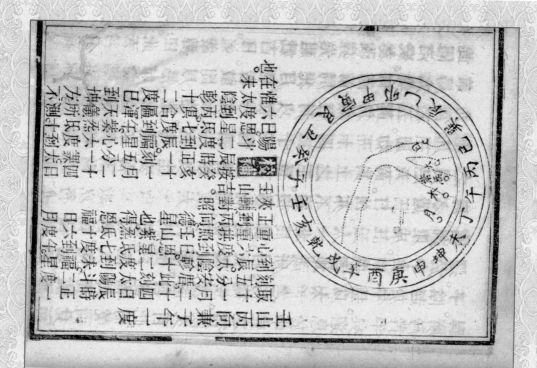

此同治癸亥改葬先祖妣吉日。梁紫垣曰。此五星成局較前局尤美。有謂前局犯月忌者。敢問月忌何說。曰術家以九宮之五黃爲煞。每月以初一從一白數起。至二十七日止。凡三周。初五十四二十三皆落中宮。中宮五黃也。故謂之月忌。夫黃爲土之正色。萬物皆賴以生。安得謂煞。且每月必遺三日。法亦不通。按易乾鑿度太一取其數以行九宮。鄭康成註云。太一北辰神名也。下行八卦之宮。每四乃還於中央。中央者地祇所居。天數以陽出。以陰入。陽起於子。陰起於午。是以太一之行。從坎宮起。自此而坤而震而巽。所行者半矣。還息於中央之宮。既又自此而乾而兌而艮而離。行則周矣。上游息於太一之星。而反紫宮。山堂考索云。太一飛行九宮。每四十餘年一徙。元空運世法則二十年一徙。地理之用九宮。以太一所臨也。用其所臨。不用其所息。中宮息者也。非煞也。一切飛宮弔度皆本之。此而莫知其由者也。更有以年月日時干支飛行九宮。以所值之色。推論生克者。謂之紫白。年月皆月忌之類也。

校補 月忌之非。誠如謝氏所闢。若謂紫白亦月忌之例。未免妄肆詆排。考紫白根於洛書九氣。其用干支也。三元運轉。接續相生。與奇門太乙。及地理之九星元運。同出一源。不過其流各別。以致專門名家之不一耳。

辛山乙向兼酉卯

取七月十六日卯時正三刻十四分安厝。此刻太陰女八度到山。太陽柳十度到向。术星軫九度到艮。紫炁參三度到丙。合照辛山。日月對照。福星三合。吉。○取前一日酉時正三刻十四分開山。太陽柳九度到山。福星各在原度。术到坤。炁到壬。隔一宮夾照辛山。吉。

校補　按七月十六日卯正三刻十四分一課。以圖渾天儀考之。太陽柳十度到卯。太陰女八度到酉。木星軫九度到甲。紫炁參三度到乙。酉山卯向。取日月對照。术炁拱照可也。於辛山乙向何關。又開山取前一日酉正三刻十四分。太陽柳九度到

山。巳入地無光。木星巳過坤到申。紫炁尚在亥方。未至於壬。亦不成局。時會葬。一客素習地理。請曰。某聞霜降太陽到乙。宜作乙山乙向。今立秋節內。太陽安得到乙乎。予指坐向示之曰。此辛山也。彼乙向也。向上明明有一太陽精光照耀。非到乙乎。所謂霜降到乙。乃太陽躔亥過宮。行到天上之乙。非謂地之乙方也。若用卯時末刻。不拘何節氣內。太陽俱到乙方。今日是也。客大悟。遂執弟子禮。有處暑作壬山者。自謂太陽到向。卻用未時。太陽巳到未方。丙向安得尚有太陽對照壬山乎。瞶瞶者猶執書譁辨。滇如扣盤捫燭。以為日者也。

校補按用曆數太陽者。謂霜降太陽到乙。宜作乙山乙向云云。固死格也。乃以活法自矜者。謂用卯時末刻。不，何節氣內太陽俱到乙方。抑何瞶瞶譁辨而不自知其誤歟。夫太陽到方各地平各節氣不同。試以四川省城北極高三十度四十二分之地平測之。立冬立春俱寅時到乙。小滿大暑俱巳時到乙。清明立夏立秋白露俱辰時到乙。惟雨水雙降春分秋分以卯時到乙。而各時之刻分又不同也。又處暑作壬山。以四川太陽論。其用未時。太陽已到申庚。猶曰太陽到未方。亦誤執平盤。不會實測之妄說也。人猶信之。猝執弟子禮。不啻以盲導盲。哀哉。

乙山辛向竪碑

取六月初九日甲子未時初三刻十二分時屬夏至末。太陽井十六度。此刻太陰至角八度。適值天綱正到乙山。三垣帝星臨山。福星一在參初度到坤。一在危八度到壬。又三合乙山大吉。

校補按乙山辛向竪碑一課。以區渾天儀考之。太陽井十六度。用未時初三刻十二分。水星參初度到酉。去坤已遠。孛星危八度。則在乾而未在壬也。惟太陰此刻在角八度。實到乙山無差。

有謂此爲破日者。問何以破曰。日月冲也。月屬午日在子。故曰破也。按天官書當日之冲則月爲之食。昔人謂子午冲。以子宮午宮有日月相冲。非子宮冲午宮午宮冲子宮也。如前辛山乙向一局。日月對照。太陽柳十度。天盤午宮也。太陰女八度。天盤子宮也。設遇交食。亦女八度之月。與柳十度之日。對道對度相冲。與天盤之子宮午宮無涉。若日辰月建之子午。更風馬牛不相及也。安得爲冲。亦安得爲破。建除之謬。解大紳封事固言之。

校補 按子午相冲云云。自是干支家言。本與天星無涉。可勿牽捨以致坦道之生荆棘也。

乾山巽向建魁星閣 咸豐辛亥

取四月二十一日卯時初二刻八分動土。下石。此刻太陽昴二度到甲。太陰虛五度到丁。日月三合乾山。太微三台臨山。室壁到向。太微諸神考節之所。三台升降文苑之階。室主土功。壁主文章道術吉。

校補 按動土下石。取太陽昴二度。卯時初二刻八分到甲。以區渾天儀考之。太陰虛五度尚在丙午之交。未至丁也。不成三合照乾之局。

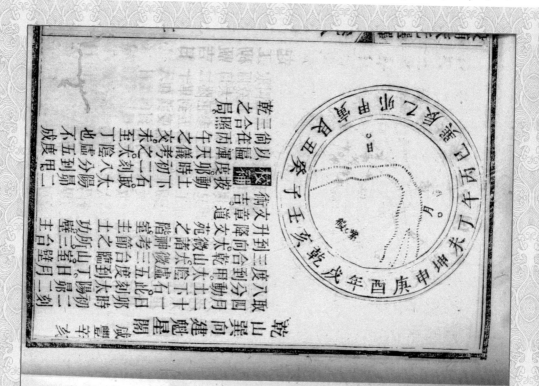

起工砌甎吉日

取四月二十八日卯時正二刻四分。太陽畢初度。太陰此刻至奎九度。正到巽向。對照乾山。福星一在參五度到甲。一在危二度到丁。三合照山。斗柄到乾。紫微帝星臨山。大角在前。天市太微左右環照吉。

【校補】按起工砌甎。取太陽畢初度。用卯正二刻四分。以區渾天儀考之。太陰至奎九度。尚在乙方。未到巽向。只水星參五度到甲。孛星危二度到丁。適成三合照乾之局。然孛星有度無星。無星即無光也。不能與甲方之水星合照。

竪柱上梁吉日

取五月初八日。卯時正初刻。太陽畢九度。此刻恩星婁一度到巽。對照乾山。福星一在井初度。一在危三度。仍到甲丁。三合乾山。斗柄及三垣帝星仍集乾方。諸吉叢聚。主人文蔚起。立奪元魁。○是嵗恩科獲售者四人。經魁一人。

【校補】按竪柱上梁。取太陽畢九度。用卯正初刻。以區渾天儀考之。金星婁一度。尚在乙方。未到巽向。孛星危三度。雖仍到丁。而水星井初度。乃在寅方。不能到甲。無論孛之無星。不成三合。抑知水星之尚未成局也乎。

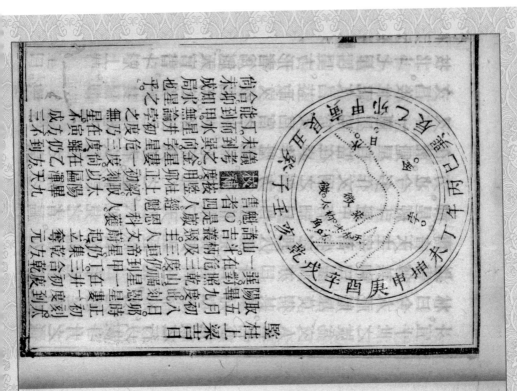

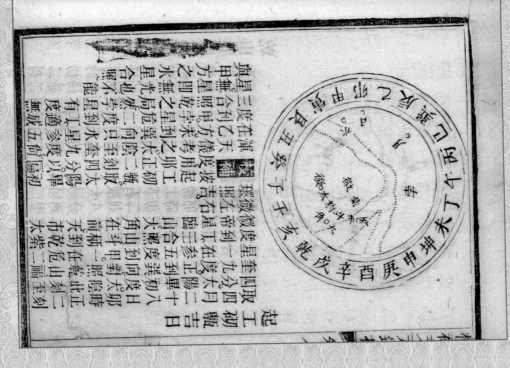

按北斗七星四星方形者爲魁。天官書斗魁上戴六星曰文昌。後世祀文昌盖取文教昌明之義。祀其星載在祀典。又作一魁星閣於文昌宮之前者。象星之形也。古以文昌在乾。魁星自當在巽。作魁星閣必檢巽方者。文昌宮之巽方也。今多作文廟之巽方。誤。魁即北斗之魁。神即斗魁之神。星經斗魁中有細星四星相聚曰天理。人能見之者福壽。言天主宰萬物之理。人能見得此理透徹。自然福壽。故道書尊其神曰靈祖。亦曰斗口。言神在北斗口中也。顧亭林曰。今人祀魁星莫得其象。乃取之字形爲鬼起足而踢斗。宜乎世之號爲文人者。皆爲鬼蜮之行以謀斗升之祿

歟。今遂不曰魁而曰奎。奎乃白虎七宿之一。武庫也。主兵。亦曰天豕。主溝瀆。凡陵池江河之事皆占之。全與文教無涉。或稱奎壁聯輝。以壁爲圖書秘府。主文章道術。是壁也。其鄰也。於奎乎何與。既曰奎矣。其象宜作大圭。何得仍祀鬼斗。夫以文人所祀。祀典所關。猶謬妄如此。又何怪星命諸家派七政四餘逐年輪當魁星也。

校補 文昌在乾。魁星自當在巽。此在天之乾巽。非地平之乾巽也。謝氏謂建魁星閣必檢文昌宮之巽方而立乾山巽向。謬矣。課取三垣帝星集照。未用杓星經緯測合本地平經緯。亦未必即得帝星之光線也。

艮山坤向開光
取二月初八日申時初初刻。時屬雨水末候。日躔娵訾之次。本日坐危九度。此刻正到坤向。對照艮山。土星在壁一度到丁。火星女二度到庚。日爲羣陽之精。土爲福星。火爲恩星。恩福輔日正照。神座吉。

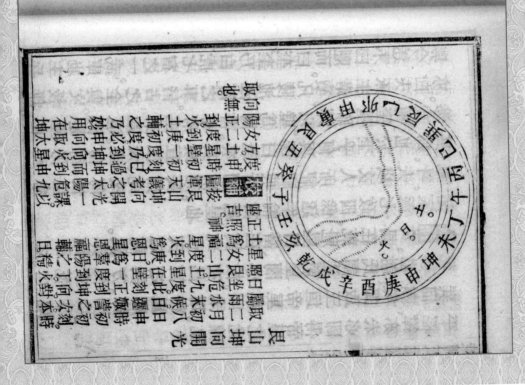

校補 按艮山坤向開光一課。以渾天儀考之。太陽危九度。申時初初刻。已過坤而到申方。土星壁一度。乃到坤向。火星女二度到庚初度。必申向取太陽正到。火土輔之乃妙。用在坤向無取也。

隴江下東鄉郵廟中塑九子聖母像。蓋求嗣之神也。裝彩甫畢。予適客其里之回龍場。首事某句予擇吉點像。擬撰碑文。以未悉出處。亟問於予。予笑曰。此天神也。人間紀載何從考其出處。記天官書。尾宿一名九子。爲后宮之象。近心第一星爲后。二三爲夫人。次爲嬪妾。九星均明。大小相承。主後宮有敘而多子孫。尾後河中一星曰傅說。保傅之象。主禱祈子嗣。由是言之。九子聖母當是尾宿無疑。某大喜。據此撰碑。具厚餽焉。

校補 按禮月令祠高禖。鄭注娀簡吞卵生契。後王以爲媒官嘉祥。而立祠。蓋以高辛爲禖神也。不必定指星象有以此爲楊公忌日者。按父母見背之日。是謂忌日。禮曰君子有終身之喪。忌日是也。又曰忌日必哭。又國家忌辰天下之忌日也。一切吉凶諸事例應停止。楊公檢出此等日敬避不用。展孝思。遵王制也。曾何干於今之人而亦避之忌之乎。王仲任論衡言學書忌丙日。倉頡以丙日死也。子卯不舉樂。夏殷以子卯亡也。重先代亡日。悽愴感動。不忍舉事。非有凶禍也。忌日之法。丙與子卯之類也。世俗不察。以爲有凶禍而避之。無怪其多禁忌而益拘畏也。

校補 按協紀闢楊公忌日云。世俗多畏楊公忌。廼書亦多載之。謂其日不宜出行舉事。犯之不利。皆因未悉其原委。

寅山申向娶婦

取十二月十九日午正一刻成禮。太陽牛二度到午。太陰軫四度到戌。三合寅宅。紫炁心三度到向照宅。福星婁八度到卯。恩星井六度到丑。夾照寅宅吉。○取前一日午正初刻坐西面東加笄。生炁在東也。不拘何命生人執梳。但取年高德劭。子孫眾多者吉。

校補 按寅山申向宅娶婦一課。以匾渾天儀考之。太陽牛二度午正一刻到午。太陰軫四度在辛。不到戌。未成三合也。火星婁八度到甲。不到卯。木星井六度到丑。夾照亦未均平。惟紫炁心三度到申向無差。然屬四餘之僞。無足取也。

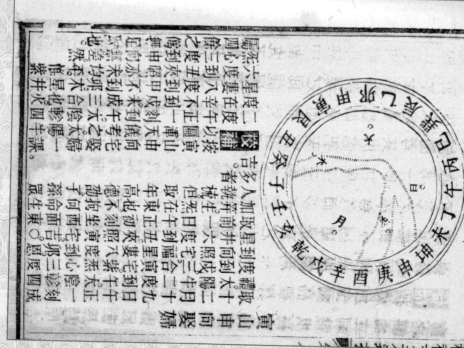

故爲所惑耳今按其說乃是室火豬日其術元旦起角宿依二十八宿次序順數值室宿之日即爲楊公忌不論月之大小二十八日一週每月遞退二日故正月十三二月十一以至七月初一二十九而終于十二月十九凡十三日夫以宿值日亦如用甲子紀日雖未必始於大撓而其來已久每日一宿自然順序不用安排以論趨避猶可說也然亦未聞室宿值日有所避忌今並非值日之宿而強以角宿起元旦每年另起不能輪轉固不通矣且若正月小則二月十一日乃是危宿二月再小則三月初九日乃是虛宿又安得強值爲室火豬乎晉志曰營室爲元宮又名清廟必非凶曜詩曰定之方中作於楚宮爾雅曰營室謂之定蓋古者視營室中而興土功未嘗以爲忌也將以其爲火歟尾室觜翼皆火宿也何獨忌於室耶將以其爲豬歟星係宮像不係肖形顧可實指爲豬耶邪說誣民莫此爲甚彼楊公者不知爲何許人其說殆與客日同出西域彼俗惡豬聞聲輒厭故併忌之然豈可用之中國耶

原跋 原刻此未題明失著述例謹正之

一園主人輯辨正適成客有聞而訪之者讀竟笑謂主人曰某聞西荒之外有狂人國其國有狂泉國人飲此水者皆狂國王心知其然獨不飲此水而不狂乃狂者轉以不

狂者爲狂羣聚而譁欲治國王之狂遂鼓譟入宮捽國王之髮縛國王之手繚國王之足掬狂泉之水而灌之國王不堪其擾强飲之而亦狂於是國人乃大快今天下之干支猶之狂泉也今天下之用干支猶之國人之飲狂泉而狂也足下獨不用干支猶之國王獨不飲狂泉而不狂也吾恐狂者轉以不狂者爲狂足下將有不堪其擾之日爲國王計曷若佯狂以飾國人之耳目實則私蓄甘泉以備飲之更爲得乎奈何矯矯自好以招國人之譁也主人听（掀引切笑貌見上林賦）然而笑曰客亦知夫蜀犬吠日越犬吠雪乎吾蜀西南有漏天者恒雨少日日出則犬吠不已南方炎熱少雪柳子厚至越之明年冬大雪踰嶺被南越中數州數州之犬皆蒼黃吠噬狂走者累日至無雪乃已夫日與雪陰陽之正氣也常也非怪也犬之吠吠所怪也少所見則多所怪是以吠之也選擇之用七政原於經史載在靑囊猶之蜀之有日越之有雪也彼以爲怪而非焉者狃於所常見而驚其所罕見也如子言將謂造物者因羣犬之吠遂使蜀可不日越可不雪乎抑使蜀之日必兼雨越之雪必兼晴乎知非造物之心矣爲大造計惟令蜀之犬恒見日越之犬恒見雪則習爲常而不之怪夫而後狂者自戢吠者自息此辨正一書所爲急輯也客無以答瞠乎相

視因附記之以俾閱者之一笑。一圃主人識。

校補天元選擇卷八終

校補天元選擇辨正末卷

謝氏原本無此卷

王元極校補
華陽天昌錧周宗璞參訂
楊天佑繪圖

天星圖表

天星之學。深而且繁。非圖不明其理。非表不便於用。而算術尤爲第一要着也。除前隨文敘列之圖表外。所有紀爲某圖某表詳末卷云云者。自應撮爲末卷。分條說明。取與前八卷互相檢閱。庶獲理明而便用也。算術自有專書。茲不贅及。

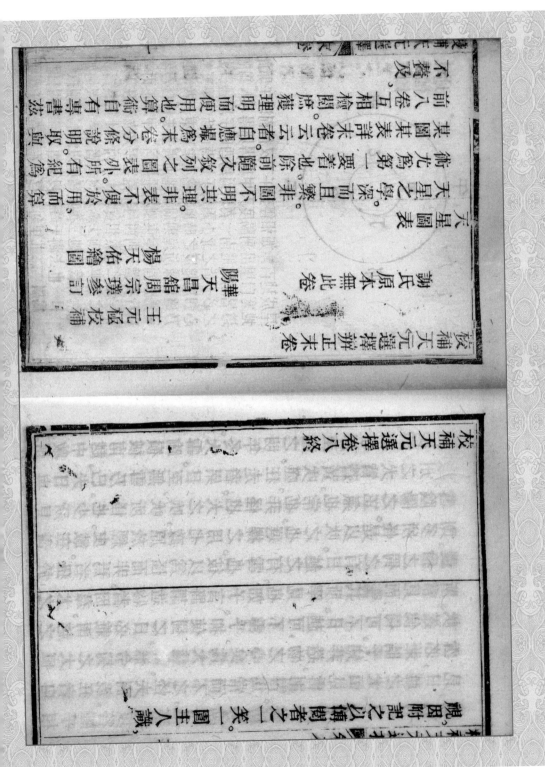

地體圖

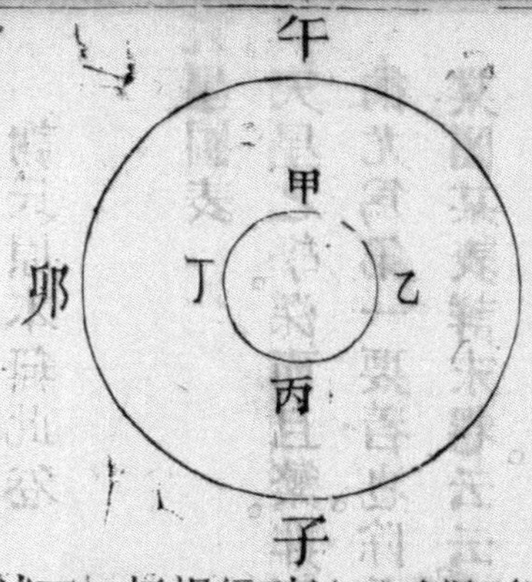

此圖出於曆象考成設如午西子
卯為日天甲乙丙丁為地球日在
午人居甲者日正在其天頂得午
時人居丙者日卻在其天頂對冲
而得子時東去甲九十度居丁者
得卯時而酉去甲九十度居乙者
又得酉時矣矣居甲丙者以酉乙
丁卯為地平而居乙丁者則又以
午甲丙子為地平蓋大地皆以已
到天頂為午正也是故測東西之
經度者兩地同測月食虧復時刻
相隔一小時則東西相去三干里
如測南北之緯度則於兩地測北
極出地之度所差一度則相去二
百里此皆地球圖體之明驗也
地自轉一周成書夜地繞日一周
成寒暑必知地為行星之一日為
星地道之心乃可與言天學

太陰晦朔弦望圖

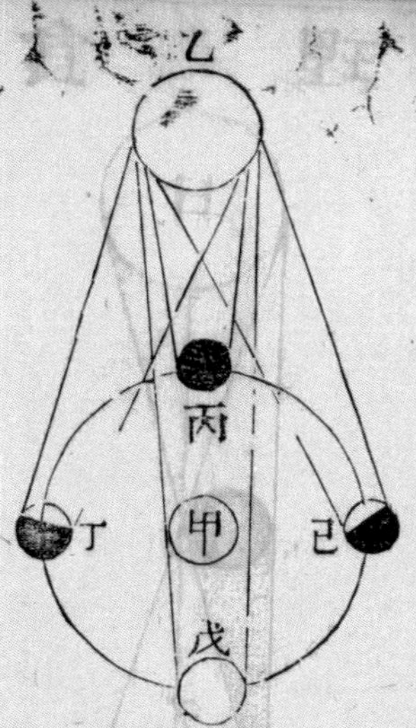

如圖甲為地面乙為太
陽丙丁戊己皆為太陰
設太陰在丙與太陽正
會為合朔其面向乙從
甲視之正見其背故全
晦離太陽前距九十度
至丁為正弦從甲視之
見其半面故半明半晦
前距太陽一百八十度
至戊正與太陽相望從
甲視之正見其面故全
明而圓及離太陽後距
九十度至己為下弦從
甲視之又只見其半面
故亦半明半晦及至於
丙而與太陽復會則又
全晦而為朔矣○太陰
包行二十七日有奇而
一周太陰與太陽相會
朔策二十九日半強

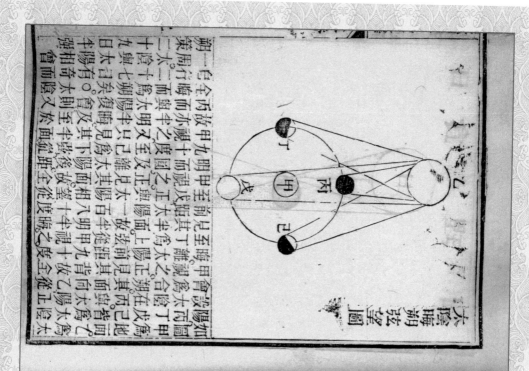

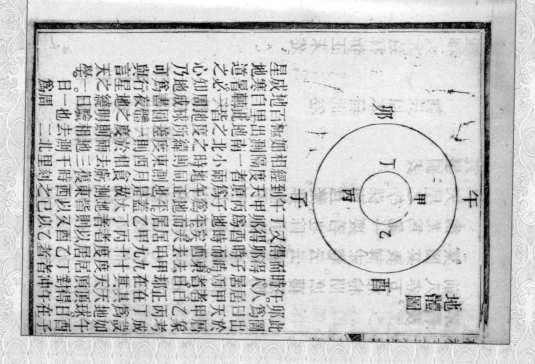

日食理圖

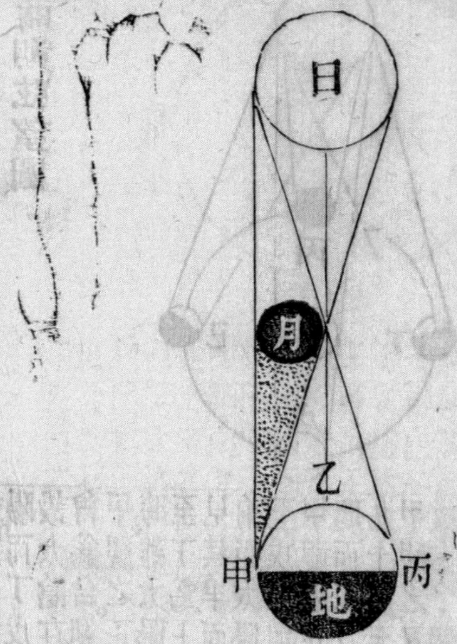

日食隨地不同。如甲地見月全掩日體。乙地見月掩日之半。丙地見日月兩周相切而不相掩。各有三差故也。

月食理圖

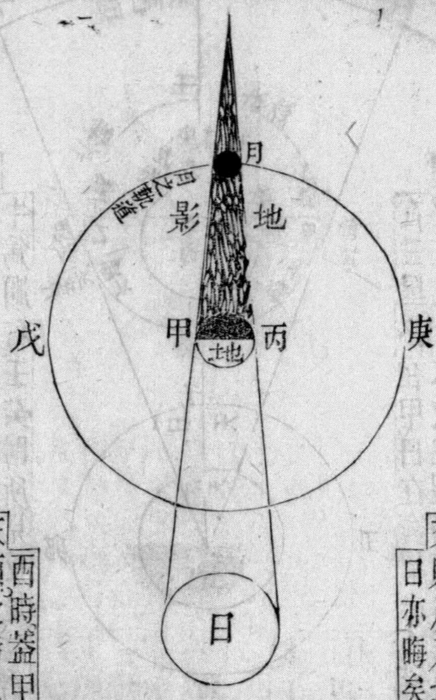

月與地球並借日光。向日而明。背日則晦。望時退兩交。則月入地影中。向日亦晦矣。是爲月食。其分秒及食限天下皆同。而食時之早晚隨地不同。如圖甲地卯時。即乙地子時。在丙地爲酉時。蓋甲地戊爲天頂。此時見日出於東。丙地庚爲天頂。此時見日已入赤道之下故也。

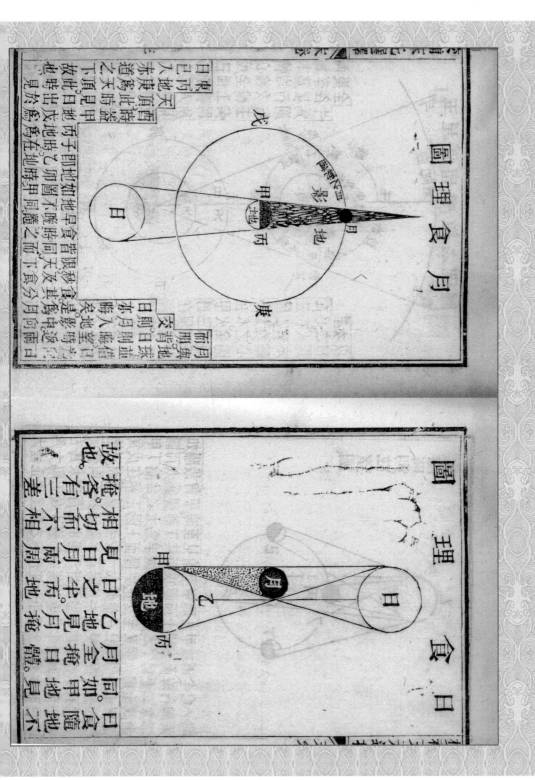

五星遲留順逆之理圖

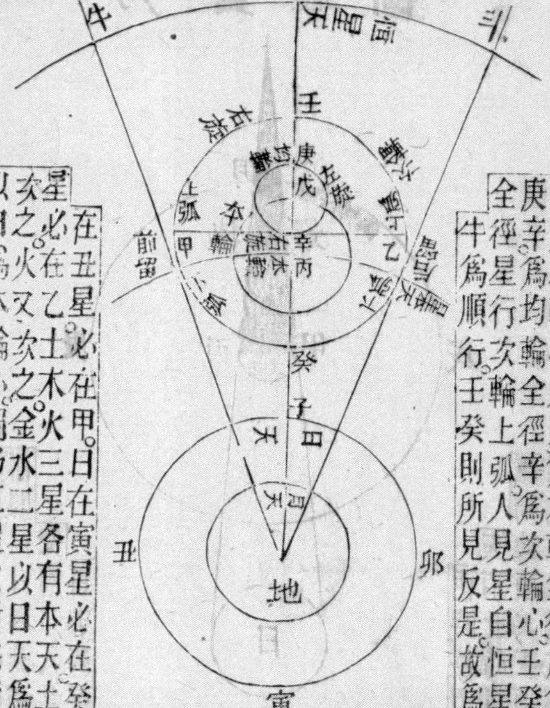

丙為本輪心。戊己為本輪全徑。戌為均輪心。庚辛為均輪全徑。辛為次輪心。壬癸為次輪全徑。星行次輪上弧。人見星自恒星天斗向牛為順行。壬癸則所見反是。故為逆。星行次輪甲點後乙點前。人自地見星常在斗點牛點不動。故曰前留後留。凡日在子星必在壬。日在丑星必在甲。日在寅星必在癸。日在卯星必在乙。土木火三星各有本天。土最高。木次之。火又次之。金水二星以日本天為本天。即以日為本輪心。圖乃五星之所共者也。

五星晨夕伏見圖

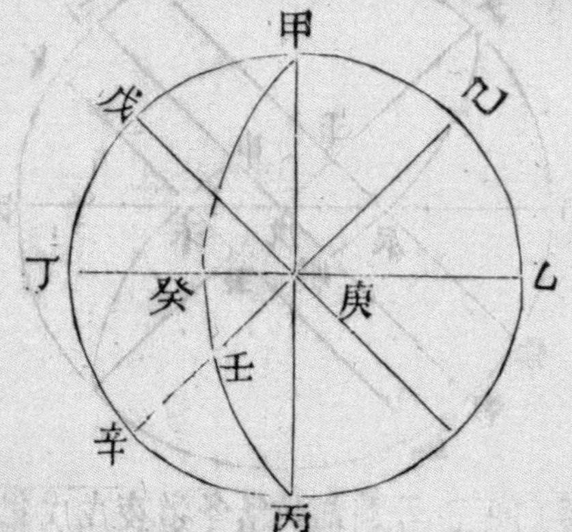

如圖甲乙丙丁為過極經圈。甲為天頂。乙丁為地平。戊為黃極。己庚辛為黃道。庚為星當地平點。又正當黃道。壬為太陽。癸壬為太陽距地平之度。即伏見之限也。用庚癸壬正弧三角形。即伏見之數。○土木火三星順行合伏後距日漸遠。為晨見東方。順行漸遲。遲而忽退為留。退初距日半周為退冲。退冲之次日為夕見。退行漸遲。遲而忽順為留。順初順行漸疾。復近合伏。為夕不見。金水二星合伏後漸遠。為夕見。遲退近日為夕不見。退合伏後漸遠為晨見。遲順近日為晨不見。

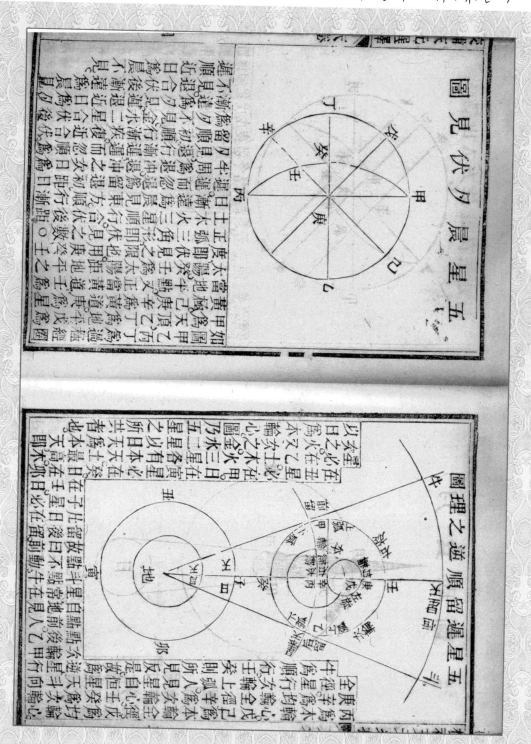

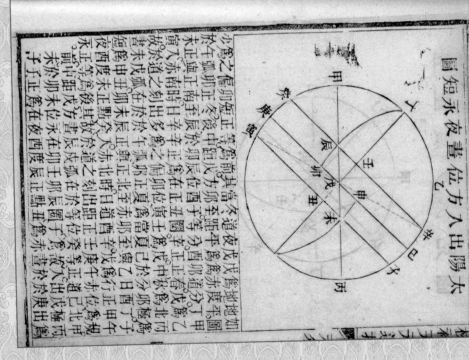

太陽出入方位晝夜永短圖

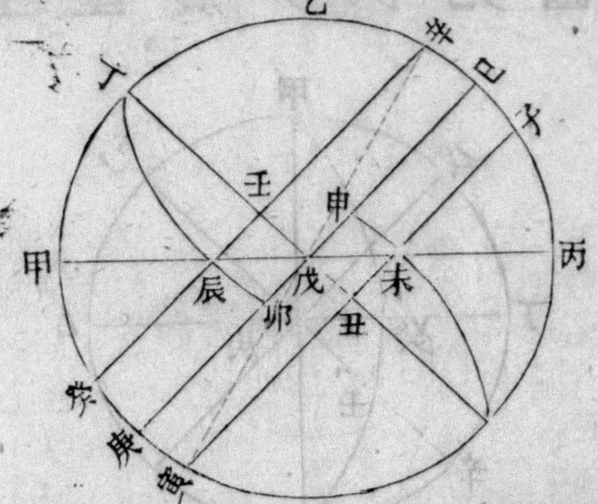

如圖甲乙丙爲子午規。甲丙爲地平。丁爲北極。丁甲爲北極出地度分。戊爲卯酉正位。己戊庚爲赤道。春秋分日行赤道。出於戊爲卯正。中於乙爲午正。入於戊爲酉正。戊己與戊庚等。故晝夜平分。辛爲夏至。辛壬癸爲赤道距等圈。壬當卯酉正位。子爲冬至。子丑寅爲赤道距等圈。丑當卯酉正位。夏至日出於辰點。其方位在卯正北。時刻在卯正前。戊辰爲偏卯正北之弧。壬辰爲距卯正之弧。與赤道戊卯度等。中於辛爲午正。入於辰在酉正後。辰辛多於辰癸。故晝永夜短。冬至日出於未點。其方位在卯正南。時刻在卯正後。戊未爲偏卯正南之弧。丑未爲距卯正之弧。與赤道戊申度等。中於子爲午正。入於未爲酉正前。未子少於未寅。故晝短夜永。

漢滿蒙回藏五大民族省會北極出地表

地經偏東偏西以北京爲中線定之

省	北極出地 度	北極出地 分		地經偏東西 度	地經偏東西 分
北京	三九	五五		○○	○○
山東	三六	四五	東	○○	四一
江蘇	三二	○四		○二	一八
安徽	三○	三七		○○	三四
浙江	三○	一七		○三	三九
福建	二六	○三		○三	○○
山西	三七	五四	西	○三	五六
河南	三四	五一		○一	五五
江西	二八	三七		○○	三七
湖北	三○	三三		○二	一五
湖南	二八	一三		○三	四○
陝西	三四	一六		○七	三二
甘肅	三六	○八		一二	三四
廣東	二三	一一		○三	三三
廣西	二五	一三		○六	一三
雲南	二五	○六		一三	三八
貴州	二六	三一		○九	五二
四川	三○	四二	東	一二	一六
盛京	四一	五二		○七	一三
吉林	四三	四七		一○	二七
黑龍江	四七	四六		一七	二九
內蒙古	四六	一七		○四	三○
外蒙古	四六	四○	西	○五	三○
新疆	三八	一九		四○	一○
伊犁	四三	五六		三四	○二
青海	三四	四○		一五	一○
前藏	三○	三○		二四	五○
後藏	二九	四○		一八	一○

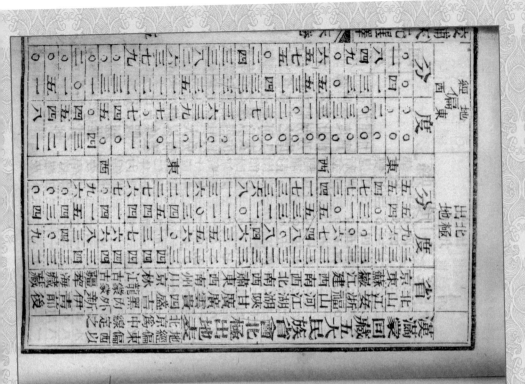

四川各縣北極出地表

敘本省各縣北極由近及遠以華陽爲首但自民國建元改前州廳一律爲縣有仍舊名者亦有不仍舊名者而縣名亦或改之此表謹遵改定外有新增縣如潼南開江鹽邊昭覺古藺古宋等處以隣縣里度比例之可以得其大畧俟暇親歷其地詳加實測乃增入表內以免有差

縣	北極出地 度	分	地經偏西 度	分
華陽	三○	四三	一二	一六
成都	三○	四三	一二	一六
雙流	三○	三五	一二	三四
溫江	三○	四四	一二	三一
新繁	三○	五四	一二	二○
金堂	三○	五四	一二	○四
新都	三○	五一	一二	一一
郫	三○	四九	一二	三○
灌	三○	五九	一二	四五
彭	三○	五七	一二	二五
崇甯	三○	五四	一二	三一
簡陽	三○	二六	一一	五二
崇慶	三○	三九	一二	四二
新津	三○	二七	一二	三六
廣漢	三一	○○	一二	○五
什邡	三一	○五	一二	一二
資中	二九	五○	一一	三二
資陽	三○	一一	一一	四五
仁壽	二九	五八	一二	一一
井研	二九	三八	一二	一三
內江	二九	三九	一一	一九
綿陽	三一	二八	一一	三五
德陽	三一	○九	一一	五七
安	三一	三五	一一	五六
綿竹	三一	一八	一二	○八
梓潼	三一	三八	一一	○八
羅江	三一	一七	一一	四八
茂	三一	三七	一二	三一

縣	北極出地 度	分	地經偏西 度	分
汶川	三一	一九	一二	五二
西昌	二七	五四	一四	一二
冕寧	二八	三二	一四	一九
鹽源	二七	二五	一四	五四
會理	二六	三四	一四	一○
閬中	三一	三○	一○	二九
蒼溪	三一	四○	一○	三三
南部	三一	一九	一○	二四
廣元	三二	一九	一○	三一
昭化	三二	一六	一○	三八
巴中	三一	五二	○九	四三
通江	三二	五八	○九	一○
南江	三二	二一	○九	三六
劍閣	三一	五九	一○	五○
南充	三○	五○	一○	一九
西充	三一	○一	一○	三○
蓬安	三一	○三	一○	○三
營山	三一	○七	○九	五三
儀隴	三一	二八	一○	○三
廣安	三○	三二	○九	五○
鄰水	三○	二六	○九	三六
岳池	三○	三七	一○	○二
宜賓	二八	三九	一一	四三
慶符	二八	二一	一一	五三
富順	二九	二七	一一	二三
長寧	二八	一○	一一	三六
高	二八	一四	一一	五二
珙	二八	一五	一一	四三

縣	北極出地 度	分	地經偏西 度	分
筠連	二八	○五	一二	○四
興文	二八	○九	一一	二五
隆昌	二九	二七	一一	○七
屏山	二八	三○	一二	一○
南溪	二八	四六	一一	二四
巴	二九	四二	○九	四八
江津	二九	一五	一○	○一
長壽	二九	五八	○九	一一
永川	二九	三○	一○	二七
榮昌	二九	三二	一○	四八
綦江	二八	五八	○九	三八
南川	二九	○七	○九	一四
合川	三○	○九	一○	○五
涪陵	二九	五○	○八	五九
銅梁	二九	五八	一○	一九
大足	二九	五一	一○	三七
璧山	二九	四六	一○	一○
武勝	三○	二六	一○	○六
江北	二九	四六	○九	四八
酉陽	二八	五一	○七	三八
秀山	二八	二五	○七	二八
黔江	二九	三二	○七	三四
彭水	二九	二二	○八	二三
忠	三○	二七	○八	三○
酆都	三○	○四	○六	三八
墊江	三○	三八	○九	三五
梁山	三○	四九	○八	三五
奉節	三一	一二	○六	五三

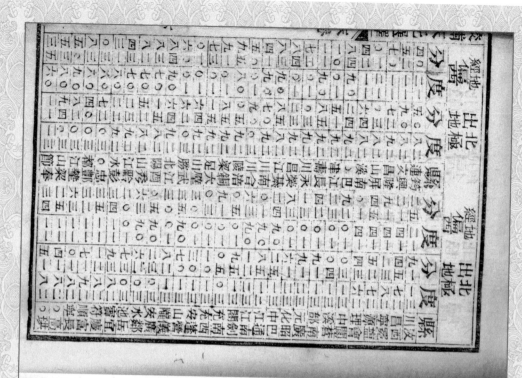

縣	北極出地 度	北極出地 分	地經偏西 度	地經偏西 分
巫山	三一	一○	○六	三六
雲陽	三一	○七	○七	二一
萬○	三一	○八	○七	五七
開○	三一	一九	○七	五七
巫溪	三一	三二	○六	五七
達○	三一	一八	○八	五一
宣漢	三一	二七	○八	三七
新寧	三一	一一	○八	三一
渠○	三一	○五	○九	三五
大竹	三○	四九	○九	二○
萬源	三二	○七	○八	一七
城口	三二	一二	○七	五二
平武	三二	三三	一一	四九
江油	三一	四八	一一	三五
北川	三一	五○	一二	○二
彰明	三一	三七	一一	三七
三台	三一	○六	一一	一六
射洪	三一	○○	一一	○五
鹽亭	三一	一四	一一	○一
中江	三一	○三	一一	四二
遂寧	三○	三三	一○	四九
蓬溪	三○	四八	一○	四二
樂至	三○	一九	一一	二三
安岳	三○	○八	一一	○六
眉山	三○	○六	一二	三一
丹稜	三○	○五	一二	五○
彭山	三○	一三	一二	二九
青神	二九	四八	一二	二五

縣	北極出地 度	北極出地 分	地經偏西 度	地經偏西 分
樂山	二九	二七	一二	三一
峩眉	二九	三一	一二	四五
洪雅	二九	五四	一二	五三
夾江	二九	三九	一二	四三
犍為	二九	○七	一二	一四
榮○	二九	三二	一一	五七
威遠	二九	三七	一一	四三
峩邊	二九	一五	一三	○○
邛崍	三○	二九	一二	五三
大邑	三○	三八	一二	五一
蒲江	三○	一五	一二	四九
瀘○	二八	五五	一○	五七
納溪	二八	四六	一一	○二
合江	二八	四八	一○	三一
江安	二八	三九	一一	二○
雅安	三○	○五	一三	二一
天全	三○	一○	一三	五○
名山	三○	一一	一三	一四
榮經	二九	五一	一三	三三
蘆山	三○	一三	一三	二五
漢源	二九	三二	一三	五五
敘永	二七	五六	一一	一三
永寧	二七	五三	一一	○八
松潘	三二	四六	一三	五一
越雋	二八	三○	一三	五七
雜谷	三一	四○	一三	一三
雷波	二八	一六	一三	三二
馬邊	二八	五九	一二	五一

縣	北極出地 度	北極出地 分	地經偏西 度	地經偏西 分
石柱	三○	一○	○八	一五
懋功	三○	四九	一三	二八
打箭爐	三○	○七	一四	三五

按地經偏東西度分。以北京為中線者。仍用前清尊京師之例。以尊中央也。今世界標準時以英國格林維基為中線。四川省城在格林維基東經一百零五度。名為隴蜀時區。又東經一百二十七度為長白時區。東經九十度為回藏時區。東經八十二度半為崑崙時區。東經一百二十度為中原時區。詳百科叢書曆法第四章。

各省節氣加減北京中線節氣刻分表（月食時刻亦同加減）

省	刻	分	
北京	○○	○○	
山東	○○	○三	加
江蘇	○○	○九	
安徽	○○	○二	
浙江	○一	○○	
福建	○○	一三	
山西	○一	○一	減
河南	○○	○八	
江西	○○	○二	
湖北	○○	○九	
湖南	○一	○○	
陝西	○二	○○	
甘肅	○三	○五	
廣東	○○	一四	
廣西	○一	一○	
雲南	○三	○九	
貴州	○二	○九	
四川	○三	○四	
盛京	○二	一四	加
吉林	○二	一二	
黑龍江	○一	○五	
內蒙古	○一	○三	
外蒙古	○一	○七	減
新疆	一○	一一	
伊犁	○九	○一	
青海	○四	○○	
前藏	○六	○九	
後藏	○四	一三	

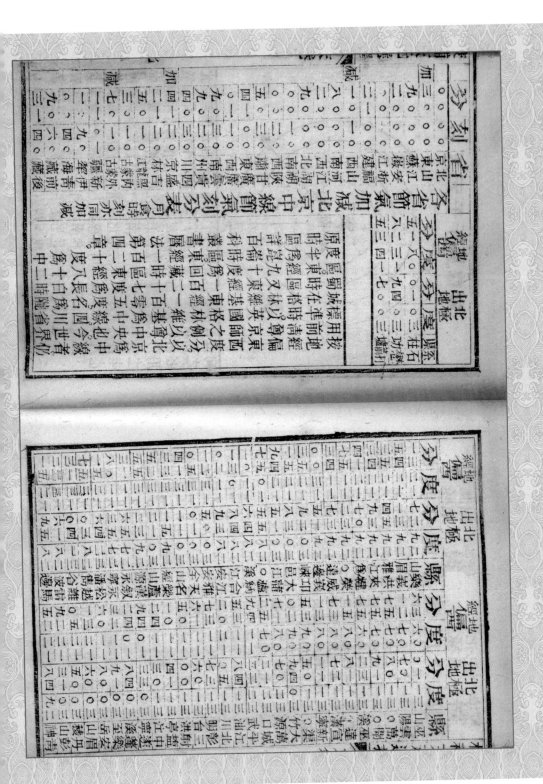

求天元子午眞線圖

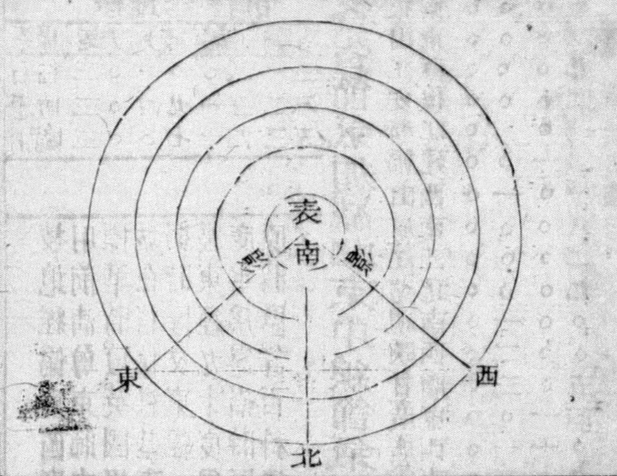

北極旣定。則各處天頂不同。其南北眞線不可毫釐差錯。用羅經指南針。本有偏向。且所偏又隨處不同。法當測晷定向。用方案令極平。作圖數層。植表於心以取日影。凡表端影切圖上遂一作一視午前午後南點同在識圖上者作直線聯之即東西線與此線十宇交作南北線南北線與羅經子午線必參直視所指刻線作識用盤時令針端與識相對則子午得眞向而羅針所偏正矣蓋指南之性直指大淀山此山在南極下於中圓爲偏西試如法測之表有不見偏西者乃信古入正方辨向之必用土圭也。

黃赤道距緯表

日	春分 秋分	清明 寒露	穀雨 霜降	立夏 立冬	小滿 小雪	芒種 大雪	逆
	度分秒	度分秒	度分秒	度分秒	度分秒	度分秒	
初	〇〇〇〇〇〇	〇〥〥〤〡一	〡一〢〨〥〥	〡〦〡〩〣〥	〢〇〇〨〡〨	〢二〣〤〥〤	〡〥
一	〇〇〢三〥一	〇〦〡〨〡〨	〡一〤〨〥〤	〡〦〣〨〇一	〢〇〡〇〤〩	〢二〤一〢三	〡〤
二	〇〇〤〨〤二	〇〦〤〇〡〩	〡二〇〩〤二	〡〦〥〤〡〇	〢〇〣二〥〨	〢二〤〨〣〥	〡〣
三	〇一〡一〣二	〇〧〇三〡〤	〡二〢〇〡〨	〡〧〡一〇一	〢〇〤〤〤〤	〢二〥三〇一	〡〢
四	〇一〣〥〡一	〇〧〣〦〡二	〡二〥〇〤〇	〡〧〢〨〣〥	〢〇〥〦〇〨	〢二〥〨〡一	〡一
五	〇一〥〩〇〨	〇〧〤〨〥〨	〡三〡〇〥一	〡〧〤〣〥〇	〢一〇〧〇〦	〢三〇〣〥〤	〡〇
六	〇二〢二〥〤	〇〨〡一〢〨	〡三〢〤〤〨	〡〧〥〩〤〦	〢一〡〨〤〤	〢三〇〨〡一	九
七	〇二〤〦〣〨	〇〨〢三〥三	〡三〥〇〣二	〡〨〡〥〣〤	〢一〢〨〥〨	〢三〣〦〣〨	八
八	〇三〡〇〡〨	〇〨〥〦〡〇	〡〤〡〇〇三	〡〨〢〇〤二	〢一〣〨〥	〢三〡〤〡〤	七
九	〇三〣三〡〇	〇〩〡〨〡〇	〡〤〢〩〡〩	〡〨〤〥〤〇	〢一〤〨〇〩	〢三〡二〡一	六
〡〇	〇三〥〨〣〇	〇〩〤〇〡〇	〡〤〤〨〡〇	〡〩〇〇〡〨	〢一〥〦〡〇	〢三〡〩〥〇	五
〡一	〇〤二〡〇一	〡〇〇〢一〡	〡〥〇〧〇〦	〡〩一〤〢〦	〢二〇〤〤〥	〢三〡一〥二	四
〡二	〇〤〤〤〡〨	〡〇〡三〥三	〡〥〢〥〢〨	〡〩〢〨〣〤	〢二〡二〥〦	〢三〢三〡〨	三
〡三	[illegible]	〡〇〤〥〡〤	〡〥〤〣〥三	〡〩〤二〡〇	〢二〡〇〤一	〢三〡〤〣〥	二
〡〤	〇〥〣一〇〨	〡一〇〦〤〥	〡〦〇〡〥二	〡〩〥〥〢〥	〢二〢〨〇〇	〢三〢〥〡〦	一
〡〥	〇〥〥〤〡一	〡一〢〨〥〥	〡〦〡〩〣〥	〢〇〇〨〡〨	〢二〣〤〥〤	〢三〢〥〣〇	初
順	驚蟄 白露	雨水 處暑	立春 立秋	大寒 大暑	小寒 小暑	冬至 夏至	日

黃道斜交赤道。而出其內外。其相距最遠之度。即大距也。實測古大今小。據儀象考成續篇。一年差一秒之例。今民國十三年甲子。應得大距旧度吊分吶秘。茲本其數演爲黃赤道距緯表。凡求太陽出入節氣時刻及天星立命到方。諸數庶平便檢。而不致課用舊表云。

中華民國十三年甲子

	初	一	二	三	四	五	六	七	八	九	十	十一	十二	十三	十四
初宮丑	尾	箕	一	二	三	四	五	六	七	八	斗	一	二	三	四
一宮子	斗	〢一	〢二	〢三	牛	一	二	三	四	五	六	女	一	二	三
二宮亥	虛	八	九	危	一	二	三	四	五	六	七	八	九	〡〇	〡一
三宮戌	室	八	九	〡〇	〡一	〡二	〡三	〡〤	〡〥	壁	一	二	三	四	五
四宮酉	奎	九	十	婁	一	二	三	四	五	六	七	八	九	〡〇	〡一
五宮申	昴	二	三	四	五	六	七	八	畢	一	二	三	四	五	六
六宮未	參	七	八	九	十	井	一	二	三	四	五	六	七	八	九
七宮午	井	〢〦	〢〧	〢〨	〢〩	鬼	一	二	三	四	柳	一	二	三	四
八宮巳	星	四	五	六	七	張	一	二	三	四	五	六	七	八	九
九宮辰	翼	八	九	〡〇	〡一	〡二	〡三	〡〤	〡〥	〡〦	軫	一	二	三	四
十宮卯	角	八	九	十	亢	一	二	三	四	五	六	七	八	九	十
十一宮寅	氐	〡〦	〡〧	房	一	二	三	四	心	一	二	三	四	五	六

測定量天尺以後通用

	十五	十六	十七	十八	十九	二十	廿一	廿二	廿三	廿四	廿五	廿六	廿七	廿八	廿九
初宮丑	五	六	七	八	九	〡〇	〡一	〡二	〡三	〡〤	〡〥	〡〦	〡〧	〡〨	〡〩
一宮子	四	五	六	七	八	九	〡〇	〡一	虛	一	二	三	四	五	六
二宮亥	〡二	〡三	〡〤	〡〥	〡〦	〡〧	〡〨	〡〩	室	一	二	三	四	五	六
三宮戌	六	七	八	九	〡〇	〡一	〡二	奎	一	二	三	四	五	六	七
四宮酉	〡二	胃	一	二	三	四	五	六	七	八	九	〡〇	〡一	〡二	昴
五宮申	七	八	九	〡〇	〡一	〡二	〡三	〡〤	觜	參	一	二	三	四	五
六宮未	〡〇	〡一	〡二	〡三	〡〤	〡〥	〡〦	〡〧	〡〨	〡〩	〢〇	〢一	〢二	〢三	〢〤
七宮午	五	六	七	八	九	〡〇	〡一	〡二	〡三	〡〤	〡〥	〡〦	星	一	二
八宮巳	〡〇	〡一	〡二	〡三	〡〤	〡〥	〡〦	〡〧	翼	一	二	三	四	五	六
九宮辰	五	六	七	八	九	〡〇	〡一	〡二	角	一	二	三	四	五	六
十宮卯	氐	一	二	三	四	五	六	七	八	九	〡〇	〡一	〡二	〡三	〡〤
十一宮寅	七	尾	一	二	三	四	五	六	七	八	九	〡〇	〡一	〡二	〡三

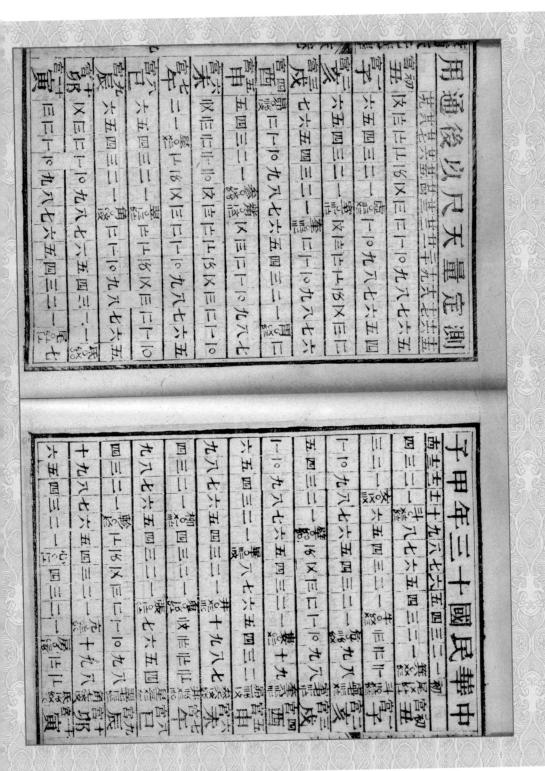

四川太陽出入晝夜永短表 按省城北極出度[illegible]分推算

	太陽出入時刻	晝夜永短
立春	出卯正二刻[illegible]分 入酉初一刻[illegible]分	晝[illegible]刻[illegible]分 夜[illegible]刻[illegible]分
雨水	出卯正一刻[illegible]分 入酉初二刻[illegible]分	晝[illegible]刻[illegible]分 夜[illegible]刻[illegible]分
驚蟄	出卯正初刻[illegible]分 入酉初三刻[illegible]分	晝[illegible]刻[illegible]分 夜[illegible]刻[illegible]分
春分	出卯正初刻[illegible]分 入酉正初刻[illegible]分	晝夜各四十八刻
清明	出卯初三刻[illegible]分 入酉正初刻[illegible]分	晝[illegible]刻[illegible]分 夜[illegible]刻[illegible]分
穀雨	出卯初二刻[illegible]分 入酉正一刻[illegible]分	晝[illegible]刻[illegible]分 夜[illegible]刻[illegible]分
立夏	出卯初一刻[illegible]分 入酉正二刻[illegible]分	晝[illegible]刻[illegible]分 夜[illegible]刻[illegible]分
小滿	出卯初初刻[illegible]分 入酉正三刻[illegible]分	晝[illegible]刻[illegible]分 夜[illegible]刻[illegible]分
芒種	出卯初初刻[illegible]分 入酉正三刻[illegible]分	晝[illegible]刻[illegible]分 夜[illegible]刻[illegible]分
夏至	出卯初初刻[illegible]分 入戌初初刻[illegible]分	晝[illegible]刻[illegible]分 夜[illegible]刻[illegible]分
小暑	出卯初初刻[illegible]分 入酉正三刻[illegible]分	晝[illegible]刻[illegible]分 夜[illegible]刻[illegible]分
大暑	出卯初初刻[illegible]分 入酉正三刻[illegible]分	晝[illegible]刻[illegible]分 夜[illegible]刻[illegible]分
立秋	出卯初一刻[illegible]分 入酉正二刻[illegible]分	晝[illegible]刻[illegible]分 夜[illegible]刻[illegible]分
處暑	出卯初二刻[illegible]分 入酉正一刻[illegible]分	晝[illegible]刻[illegible]分 夜[illegible]刻[illegible]分
白露	出卯初三刻[illegible]分 入酉正初刻[illegible]分	晝[illegible]刻[illegible]分 夜[illegible]刻[illegible]分
秋分	出卯正初刻[illegible]分 入酉正初刻[illegible]分	晝夜各四十八刻
寒露	出卯正初刻[illegible]分 入酉初三刻[illegible]分	晝[illegible]刻[illegible]分 夜[illegible]刻[illegible]分
霜降	出卯正一刻[illegible]分 入酉初二刻[illegible]分	晝[illegible]刻[illegible]分 夜[illegible]刻[illegible]分
立冬	出卯正二刻[illegible]分 入酉初一刻[illegible]分	晝[illegible]刻[illegible]分 夜[illegible]刻[illegible]分
小雪	出卯正三刻[illegible]分 入酉初初刻[illegible]分	晝[illegible]刻[illegible]分 夜[illegible]刻[illegible]分
大雪	出卯正三刻[illegible]分 入酉初初刻[illegible]分	晝[illegible]刻[illegible]分 夜[illegible]刻[illegible]分
冬至	出辰初初刻[illegible]分 入酉初初刻[illegible]分	晝[illegible]刻[illegible]分 夜[illegible]刻[illegible]分
小寒	出卯正三刻[illegible]分 入酉初初刻[illegible]分	晝[illegible]刻[illegible]分 夜[illegible]刻[illegible]分
大寒	出卯正三刻[illegible]分 入酉初初刻[illegible]分	晝[illegible]刻[illegible]分 夜[illegible]刻[illegible]分

附北京太陽出入晝夜永短表 按京都北極出度[illegible]分推算

	太陽出入時刻	晝夜永短
立春	出卯正三刻[illegible]分 入酉初初刻[illegible]分	晝[illegible]刻[illegible]分 夜[illegible]刻[illegible]分
雨水	出卯正二刻[illegible]分 入酉初一刻[illegible]分	晝[illegible]刻[illegible]分 夜[illegible]刻[illegible]分
驚蟄	出卯正一刻[illegible]分 入酉初二刻[illegible]分	晝[illegible]刻[illegible]分 夜[illegible]刻[illegible]分
春分	出卯正初刻[illegible]分 入酉正初刻[illegible]分	晝夜各四十八刻
清明	出卯初二刻[illegible]分 入酉正一刻[illegible]分	晝[illegible]刻[illegible]分 夜[illegible]刻[illegible]分
穀雨	出卯初一刻[illegible]分 入酉正二刻[illegible]分	晝[illegible]刻[illegible]分 夜[illegible]刻[illegible]分
立夏	出卯初初刻[illegible]分 入酉正三刻[illegible]分	晝[illegible]刻[illegible]分 夜[illegible]刻[illegible]分
小滿	出寅正三刻[illegible]分 入戌初初刻[illegible]分	晝[illegible]刻[illegible]分 夜[illegible]刻[illegible]分
芒種	出寅正二刻[illegible]分 入戌初一刻[illegible]分	晝[illegible]刻[illegible]分 夜[illegible]刻[illegible]分
夏至	出寅正二刻[illegible]分 入戌初一刻[illegible]分	晝[illegible]刻[illegible]分 夜[illegible]刻[illegible]分
小暑	出寅正二刻[illegible]分 入戌初一刻[illegible]分	晝[illegible]刻[illegible]分 夜[illegible]刻[illegible]分
大暑	出寅正三刻[illegible]分 入戌初初刻[illegible]分	晝[illegible]刻[illegible]分 夜[illegible]刻[illegible]分
立秋	出卯初初刻[illegible]分 入酉正三刻[illegible]分	晝[illegible]刻[illegible]分 夜[illegible]刻[illegible]分
處暑	出卯初一刻[illegible]分 入酉正二刻[illegible]分	晝[illegible]刻[illegible]分 夜[illegible]刻[illegible]分
白露	出卯初二刻[illegible]分 入酉正一刻[illegible]分	晝[illegible]刻[illegible]分 夜[illegible]刻[illegible]分
秋分	出卯正初刻[illegible]分 入酉正初刻[illegible]分	晝夜各四十八刻
寒露	出卯正一刻[illegible]分 入酉初二刻[illegible]分	晝[illegible]刻[illegible]分 夜[illegible]刻[illegible]分
霜降	出卯正二刻[illegible]分 入酉初一刻[illegible]分	晝[illegible]刻[illegible]分 夜[illegible]刻[illegible]分
立冬	出卯正三刻[illegible]分 入酉初初刻[illegible]分	晝[illegible]刻[illegible]分 夜[illegible]刻[illegible]分
小雪	出辰初初刻[illegible]分 入申正三刻[illegible]分	晝[illegible]刻[illegible]分 夜[illegible]刻[illegible]分
大雪	出辰初一刻[illegible]分 入申正二刻[illegible]分	晝[illegible]刻[illegible]分 夜[illegible]刻[illegible]分
冬至	出辰初一刻[illegible]分 入申正二刻[illegible]分	晝[illegible]刻[illegible]分 夜[illegible]刻[illegible]分
小寒	出辰初一刻[illegible]分 入申正二刻[illegible]分	晝[illegible]刻[illegible]分 夜[illegible]刻[illegible]分
大寒	出辰初初刻[illegible]分 入[illegible]正三刻[illegible]分	晝[illegible]刻[illegible]分 夜[illegible]刻[illegible]分

天頂太陽戌宮 度	宿	加減 時	加減 分	四川天星立命 宮	度	分	宿	十一 酉申宮 度	分	十二 申未宮 度	分	二 午巳宮 度	分	三 巳宮 度	分
春分	室七	〇〇	〇〇	未	〡三	〡〧	井八	酉〇〦	〢〧	申〡三	〢〩	午〇〧	〢〧	巳〇一	〡〧
〇一	八	〇〇	〇〤		〡〤	〇〥	九	〇〧	〣二	〡〤	〣〤	〇〧	〡〤	〇二	〇〩
〇二	九	〇〇	〇〨		〡〤	〥二	九	〇〨	〣〥	〡〥	〢〨	〇〩	〇一	〇三	〇〇
〇三	〡〇	〇〇	〡一		〡〥	〤〇	〡〇	〇〩	〣〧	〡〦	〢三	〇〩	〤〧	〇三	〥三
〇四	〡一	〇〇	〡〥		〡〦	〣〧	〡一	〡〇	〤〇	〡〧	〡〧	〡〇	三〦	〇〤	〤〤
〇五	〡二	〇〇	〡〨		〡〧	〡〦	〡二	〡一	〤二	〡〨	〡〇	〡一	〢三	〇〥	〣〧
〇六	〡三	〇〇	〢二		〡〨	〇三	〡三	〡二	〤〤	〡〩	〇〤	〡二	〡〇	〇〦	〢〩
〇七	〡〤	〇〇	〢〦		〡〨	〥〇	〡三	〡三	〤〦	〡〩	〥〧	〡二	〥〧	〇〧	〢二
〇八	壁初	〇〇	〢〩		〡〩	〣〧	〡〤	〡〤	〤〧	〢〇	〥一	〡三	〤〥	〇〧	〡〤
〇九	一	〇〇	〣三		〢〇	〢〥	〡〥	〡〥	〤〧	〢一	〤〤	〡〤	三〣	〇〩	〇〧
〡〇	二	〇〇	〣〧		〢一	〡二	〡〦	〡〦	〤〩	〢二	〣〦	〡〥	〢〇	〇〩	〥〩
〡一	三	〇〇	〤〇		〢一	〥〩	〡〦	〡〧	〥〇	〢三	〢〩	〡〦	〇〧	〡〇	〥二
〡二	四	〇〇	〤〤		〢二	〤〦	〡〧	〡〧	〥〇	〢〤	〢一	〡〦	〥〦	〡一	〤〥
〡三	五	〇〇	〤〧		〢三	〣三	〡〧	〡〩	〥一	〢〥	〡三	〡〧	〤〤	〡二	〣〧
〡〤	六	〇〇	〥二		〢〤	〢〇	〡〩	〢〇	〥一	〢〦	〇〥	〡〧	〣一	〡三	〣〇
清明	七	〇〇	〥〥		〢〥	〇〧	〢〇	〢一	〥一	〢〦	〥〧	〡〩	〡〩	〡〤	〡〤
〡〦	八	〇〇	〥〩		〢〥	〥〩	〢〇	〢二	〥〇	〢〧	〤〩	〢〇	〇〧	〡〥	〡〧
〡〧	九	〇一	〇三		〢〦	〤一	〢一	〢三	〥〇	〢〧	〤〇	〢〇	〥〦	〡〦	〡一
〡〨	〡〇	〇一	〇〦		〢〧	〢〩	〢二	〢〤	〤〩	〢〩	〣〧	〢一	〤〤	〡〧	〇〤
〡〩	〡一	〇一	〡〇		〢〧	〡〦	〢三	〢〥	〤〧	未初	〢三	〢〧	〣二	〡〧	〥〩
〢〇	〡二	〇一	〡〤		〢〤	〇三	〢〤	〢〦	〤〧	〇一	〡〤	〢三	〢一	〡〧	〥三
〢一	〡三	〇一	〡〧		〢〩	〥〇	〢〤	〢〧	〤〦	〇二	〇〥	〢〤	〡〇	〡〩	〤二
〢二	奎初	〇一	〢一	午	〇〇	〣〧	〢〥	〢〧	〤〤	〇二	〥〦	〢〤	〥〩	〢〇	〤一
〢三	一	〇一	〢〥		〇一	〢〥	〢〦	〢〩	〤〧	〇三	〤〧	〢〥	〤三	〢一	〣〥
〢〤	二	〇一	〢〩		〇二	〡三	〢〧	申初	〤一	〇〤	〣〧	〢〦	〣〧	〢二	〢〤
〢〥	三	〇一	〣三		〇三	〇〇	〢〧	〇一	〢〩	〇〥	〢〩	〢〧	〢〦	〢三	〢〤
〢〦	四	〇一	〣〦		〇三	〤〧	〢〧	〇二	〣〧	〇〦	〢〇	〢〧	〡〥	〢〤	〡〩
〢〧	五	〇一	〤〇		〇〤	〣〦	〢〩	〇三	〣〤	〇〧	〡一	〢〩	〇〥	〢〥	〡三
〢〨	六	〇一	〤〤		〇〥	〢三	鬼初	〇〤	〣二	〇〧	〇一	〢〩	〥〥	〢〦	〇〧
〢〩	七	〇一	〤〧		〇〦	〡一	一	〇〥	〣〩	〇〧	〥二	巳初	〤〥	〢〧	〇〤

二十四小時圖

此從未初起一時，至午正爲二十四時。是爲立命加減時刻之用。加法加滿二十四小時則去之，只用其餘數。減法不足減者，加二十四小時減之。

四川立命眞度表　按省城北極推算

用命度表說明

命度表只列六宮者，以有六宮，則相對之六宮可知也。一七、四十、二八、三九、十一與五、十二與六，皆兩兩相對。若有儀器，則不須檢表。亦能與表符合。其用表法有二：一先有時刻而後求命度，檢命度表本日日躔相對時分，以先有時分加之（取數檢小時圖），共得若干時分，乃按數於表內尋其相近之命度用之。時分與表不符者，用中比例（詳表首）。一先定命度，而後求時刻，則檢所定命度相對時分，內減去本日日躔時分，餘若干時分，再檢小時圖，即得定眞時刻。命度既定，各宮一律相對查取之。

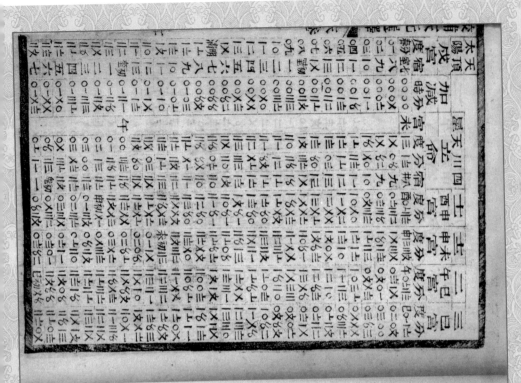

天頂太陽酉宮 度	宿	加減 時分	四川天星立命 宮	度	分	宿	十一 未申宮 度分	十二 午未宮 度分	二 巳宮 度分	三 辰巳宮 度分
穀雨	奎八	○一〥二	午	○〦	〥〩	鬼一	申○〦〢〨	未○〩〤三	巳○一〣〥	巳〢〧〥〩
○一	九	○一〥〥		○〧	〤〨	二	○〧〢〥	〡○〣三	○二〢〦	〢〨〥〤
○二	〡○	○一〥〩		○〨	〣〦	三	○〨〢二	〡一〢〤	○三〡〦	〢〩〥○
○三	婁初	○二○三		○〩	〢〤	四	○〩〡〩	〡二〡〥	○〤○〦	辰初〤〦
○四	一	○二○〧		〡○	〡三	柳初	〡○〡〦	〡三○〦	○〤〥〦	○一〤一
○五	二	○二〡一		〡一	○二	一	〡一〡三	〡三〥〨	○〥〤〦	○二〣〦
○六	三	○二〡〥		〡一	〥○	一	〡二〡○	〡〤〤〨	○〦〣〩	○三〣〤
○七	四	○二〡〩		〡二	〤○	二	〡三○〦	〡〥〣〩	○〧〣一	○〤〣○
○八	五	○二〢二		〡三	〢〩	三	〡〤○三	〡〦〣○	○〨〢二	○〥〢〦
○九	六	○二〢〦		〡〤	〡〨	四	〡〤〥〩	〡〧〢一	○〩〡〤	○〦〢三
〡○	七	○二〣○		〡〥	○〨	五	〡〥〥〦	〡〨〡二	〡○○〦	○〧〡〩
〡一	八	○二〣〤		〡〥	〥〨	五	〡〦〥三	〡〩○二	〡○〥〨	○〨〡〦
〡二	九	○二〣〨		〡〦	〤〨	六	〡〧〤〩	〡〩〥〤	〡一〥○	○〩〡三
〡三	〡○	○二〤二		〡〧	〣〨	七	〡〨〤〦	〢○〤〥	〡二〤二	〡○〡○
〡〤	〡一	○二〤〦		〡〨	〢〨	八	〡〩〤二	〢一〣〦	〡三〣〥	〡一○〨
立夏	〡二	○二〥○		〡〩	〡〨	九	〢○〣〩	〢二〢〨	〡〤〢〨	〡二○〥
〡〦	胃初	○二〥〤		〢○	○〨	〡○	〢一〣一	〢三〢○	〡〥〢一	〡三○三
〡〧	一	○二〥〨		〢○	〥〨	〡○	〢二〣二	〢〤〡一	〡〦〡〤	〡〤○○
〡〨	二	○三○二		〢一	〥一	〡一	〢三〢〨	〢〥○三	〡〧○〧	〡〤〥〨
〡〩	三	○三○〦		〢二	〤一	〡二	〢〤〢〤	〢〥〥〦	〡〨○一	〡〥〥〦
〢○	四	○三〡○		〢三	〣二	〡三	〢〥〢○	〢〦〤〧	〡〨〥三	〡〦〥〤
〢一	五	○三〡〤		〢〤	〢三	〡〤	〢〦〡〦	〢〧〤○	〡〩〤〨	〡〧〥二
〢二	六	○三〡〨		〢〥	〡〥	〡〥	〢〧〡三	〢〨〣一	〢○〤○	〡〨〥○
〢三	七	○三〢二		〢〦	○〧	〡〦	〢〨〡○	〢〩〢〤	〢一〣〨	〡〩〤〨
〢〤	八	○三〢〦		〢〦	〥〩	〡〧	〢〩○〦	午初〡〦	〢二〣二	〢○〤〦
〢〥	九	○三〣一		〢〧	〥一	星初	未初○三	○一○〩	〢三〢〨	〢一〤〥
〢〦	〡○	○三〣〥		〢〨	〤〤	一	○初〥〩	○二○二	〢〤〢二	〢二〤〤
〢〧	〡一	○三〣〩		〢〩	〣〦	二	○一〥〦	○二〥〥	〢〥〡〦	〢三〤三
〢〨	〡二	○三〤三	巳	○○	〢〩	三	○二〥三	○三〤〦	〢〦〡二	〢〤〤一
〢〩	昴初	○三〤〨		○一	〢二	四	○三〤〩	○〤〤一	〢〧○〨	〢〥〤○

天頂太陽申宮 度	宿	加減 時分	四川天星立命 宮	度	分	宿	十一 午未宮 度分	十二 巳午宮 度分	二 辰巳宮 度分	三 卯辰宮 度分
小滿	昴一	○三〥一	巳	○二	〡〥	星五	未○〤〤〦	午○〥〡〥	巳〢〨○三	辰〢〦〤○
○一	二	○三〥〥		○三	○〩	六	○〥〤二	○〦〢〧	〢〨〥〩	〢〧〣〩
○二	三	○〤○○		○〤	○三	七	○〦〣〩	○〧〢二	〢〩〥〥	〢〨〣〨
○三	四	○〤○〤		○〤	〥〦	七	○〧〣〦	○〨〡〦	辰初〥一	〢〩〣〧
○四	五	○〤○〨		○〥	〥○	張初	○〨〣三	○〩〡○	○一〤〦	卯初〣〦
○五	六	○〤〡二		○〦	〤〤	一	○〩〣○	〡○○〤	○二〤三	○一〣〥
○六	七	○〤〡〦		○〧	〣〨	二	〡○〢〧	〡○〥〨	○三〤○	○二〣〤
○七	八	○〤〢一		○〨	〣三	三	〡一〢〤	〡一〥三	○〤〣〧	○三〣〤
○八	畢初	○〤〢〥		○〩	〢〩	四	〡二〢二	〡二〤〩	○〥〣〤	○〤〣〤
○九	一	○〤〢〩		〡○	〢三	五	〡三〡〩	〡三〤二	○〦〣二	○〥〣三
〡○	二	○〤〣三		〡一	〡〨	六	〡〤〡〦	〡〤三〦	○〧〢〨	○〦〣二
〡一	三	○〤〣〨		〡二	〡三	七	〡〥〡三	〡〥三〣	○〨〢〤	○〧〣二
〡二	四	○〤〤二		〡三	○〨	八	〡〦〡一	〡〦〢〨	○〩〢一	○〨〣二
〡三	五	○〤〤〦		〡〤	○三	九	〡〧○〨	〡〧〢三	〡○〡〨	○〩〣一
〡〤	六	○〤〥一		〡〤	〥〩	九	〡〨○〦	〡〨〡〩	〡一〡〥	〡○〣○
芒種	七	○〤〥〦		〡〥	〥〥	〡○	〡〩○〤	〡〩〡〥	〡二〡三	〡一〣○
〡〦	八	○〥○○		〡〦	〥○	〡一	〢○○二	〢○〡○	〡三〡○	〡二〣○
〡〧	九	○〥○〤		〡〧	〤〦	〡二	〢一○○	〢一○〦	〡〤○〨	〡三〢〩
〡〨	〡○	○〥○〨		〡〨	〤二	〡三	〢一〥〨	〢二○三	〡〥○〥	〡〤〢〨
〡〩	〡一	○〥〡二		〡〩	〣〨	〡〤	〢二〥〦	〢二〥〩	〡〥〥〩	〡〥〢〨
〢○	〡二	○〥〡〦		〢○	〣〥	〡〥	〢三〥〤	〢三〥〥	〡〦○○	〡〦〢〨
〢一	〡三	○〥〢一		〢一	〣一	〡〦	〢〤〥二	〢〤〥二	〡〧〥〨	〡〧〢〧
〢二	〡〤	○〥〢〥		〢二	〢〧	〡〧	〢〥〥○	〢〥〤〨	〡〨〥〥	〡〨〢〦
〢三	觜○	○〥〣○		〢三	〢〤	翼初	〢〦〤〩	〢〦〤〥	〡〩〥三	〡〩〢〦
〢〤	參初	○〥〣〤		〢〤	〢○	一	〢〧〤〨	〢〧〤二	〢○〥一	〢○〢〦
〢〥	一	○〥〣〨		〢〥	〡〧	二	〢〨〤〦	〢〨〣〩	〢一〤〩	〢一〢〥
〢〦	二	○〥〤二		〢〦	〡三	三	〢〩〤〥	〢〩〤〦	〢二〤〥	〢二〢三
〢〧	三	○〥〤〦		〢〧	〡○	四	午初〤三	巳初〣〤	〢三〤三	〢三〢三
〢〨	四	○〥〥一		〢〨	○〧	五	○一〤二	○一〣二	〢〤〤○	〢〤〢二
〢〩	五	○〥〥〦		〢〩	○三	六	○二〤一	○二〢〨	〢〥〣〦	〢〥〢一

天頂太陽未宮	加減	四川天星立命宮辰	十二 午巳宮	十三 巳辰宮	二 辰卯宮	三 卯寅宮
度　宿	時　分	度　分　宿	度　分	度　分	度　分	度　分
宿：六、七、八、九、十、井初、一、二、三、四、五、六、七、八、九 …	[illegible]	宿：觜七、八、九 … 軫初、一、二、三、四、五、五、六、七、八、九 … 角初、一、二、三	[illegible]	[illegible]	[illegible]	[illegible]

天頂太陽午宮	加減	四川天星立命宮辰	十二 巳辰宮	十三 辰宮	二 寅卯宮	三 丑寅宮
度　宿	時　分	宿　分　度	分　度	分　度	分　度	分　度
宿：井…鬼初、一、二、三、四、柳初、一、二、三、四、五、六、七、八、九 … 星初、一、二	[illegible]	宿：翼五、六、七、八、九 … 亢初、一、二、三、四、五、五、六、七、八、九 … 氐初、一、二、三、三、四、五、六、七	[illegible]	[illegible]	[illegible]	[illegible]

天頂 太陽辰宮 度	宿	加減 時分	四川天星立命 宮	度	分	宿	十一 辰卯宮 度分	十二 卯寅宮 度分	二 丑子宮 度分	三 子亥宮 度分
穀雨	觜七	〡〢〇〇	寅	〡〦	〤〢	尾初	[illegible]	[illegible]	[illegible]	[illegible]
〇〡	八	〡〢〇〤		〡〦	〣〇	一	[illegible]	[illegible]	[illegible]	[illegible]
〇〢	九	〡〢〇〦		〡〨	〡〨	二	[illegible]	[illegible]	[illegible]	[illegible]
〇〣	〡〇	〡〢〡〡		〡〩	〇〦	三	[illegible]	[illegible]	[illegible]	[illegible]
〇〤	〡〡	〡〢〡〥		〡〩	〥〥	三	[illegible]	[illegible]	[illegible]	[illegible]
〇〥	〡〢	〡〢〡〨		〢〇	〤〨	四	[illegible]	[illegible]	[illegible]	[illegible]
〇〦	〡〣	〡〢〢〢		〢〡	〣〢	五	[illegible]	[illegible]	[illegible]	[illegible]
〇〧	〡〤	〡〢〢〦		〢〢	〢〡	六	[illegible]	[illegible]	[illegible]	[illegible]
〇〨	〡〥	〡〢〡〩		〢〣	〡〇	七	[illegible]	[illegible]	[illegible]	[illegible]
〇〩	〡〦	〡〢〣〣		〢〣	〥〩	七	[illegible]	[illegible]	[illegible]	[illegible]
〡〇	軫初	〡〢〣〧		〢〤	〤〨	八	[illegible]	[illegible]	[illegible]	[illegible]
〡〡	一	〡〢〤〇		〢〥	〣〨	九	[illegible]	[illegible]	[illegible]	[illegible]
〡〢	二	〡〢〤〤		〢〦	〣〨	〡〇	[illegible]	[illegible]	[illegible]	[illegible]
〡〣	三	〡〢〤〨		〢〧	〡〨	〡〡	[illegible]	[illegible]	[illegible]	[illegible]
〡〤	四	〡〢〥〢		〢〨	〇〨	〡〢	[illegible]	[illegible]	[illegible]	[illegible]
寒露	五	〡〢〥〥		〢〨	〥〩	〡〢	[illegible]	[illegible]	[illegible]	[illegible]
〡〦	六	〡〢〥〩		〢〩	〥〇	〡〣	[illegible]	[illegible]	[illegible]	[illegible]
〡〧	七	〡〣〇〢		〇〇	〤〡	〡〤	[illegible]	[illegible]	[illegible]	[illegible]
〡〨	八	〡〣〇〦		〇〡	〣〢	箕初	[illegible]	[illegible]	[illegible]	[illegible]
〡〩	九	〡〣〡〇		〇〢	〢〤	一	[illegible]	[illegible]	[illegible]	[illegible]
〢〇	〡〇	〡〣〡〤		〇〣	〡〦	二	[illegible]	[illegible]	[illegible]	[illegible]
〢〡	〡〡	〡〣〡〨		〇〤	〇〩	三	[illegible]	[illegible]	[illegible]	[illegible]
〢〢	〡〢	〡〣〢〡		〇〥	〇〢	四	[illegible]	[illegible]	[illegible]	[illegible]
〢〣	角初	〡〣〢〥		〇〥	〥〥	四	[illegible]	[illegible]	[illegible]	[illegible]
〢〤	一	〡〣〢〩		〇〦	〤〩	五	[illegible]	[illegible]	[illegible]	[illegible]
〢〥	二	〡〣〣〣		〇〧	〤〢	六	[illegible]	[illegible]	[illegible]	[illegible]
〢〦	三	〡〣〣〦		〇〨	〣〨	七	[illegible]	[illegible]	[illegible]	[illegible]
〢〧	四	〡〣〤〇		〇〩	〣〢	八	[illegible]	[illegible]	[illegible]	[illegible]
〢〨	五	〡〣〤〤		〡〇	〢〨	斗初	[illegible]	[illegible]	[illegible]	[illegible]
〢〩	六	〡〣〤〨		〡〡	〢〣	一	[illegible]	[illegible]	[illegible]	[illegible]

天頂 太陽巳宮 度	宿	加減 時分	四川天星立命 宮	度	分	宿	十一 辰宮 度分	十二 辰卯宮 度分	二 寅丑宮 度分	三 丑子宮 度分
處暑	星三	〡〇〇〩	卯	〢〣	〇〡	氐八	[illegible]	[illegible]	[illegible]	[illegible]
〇〡	四	〡〇〡〢		〢〣	〤〩	八	[illegible]	[illegible]	[illegible]	[illegible]
〇〢	五	〡〇〡〦		〢〤	〣〦	九	[illegible]	[illegible]	[illegible]	[illegible]
〇〣	六	〡〇〢〇		〢〥	〢〤	〡〇	[illegible]	[illegible]	[illegible]	[illegible]
〇〤	七	〡〇〢〤		〢〦	〡〢	〡〡	[illegible]	[illegible]	[illegible]	[illegible]
〇〥	張初	〡〇〢〨		〢〧	〇〇	〡〢	[illegible]	[illegible]	[illegible]	[illegible]
〇〦	一	〡〇〣〡		〢〧	〤〧	〡〢	[illegible]	[illegible]	[illegible]	[illegible]
〇〧	二	〡〇〣〥		〢〨	〣〥	〡〣	[illegible]	[illegible]	[illegible]	[illegible]
〇〨	三	〡〇〣〩		〢〩	〢〢	〡〤	[illegible]	[illegible]	[illegible]	[illegible]
〇〩	四	〡〇〤〢		〇〇	〡〇	〡〥	[illegible]	[illegible]	[illegible]	[illegible]
〡〇	五	〡〇〤〦		〇〇	〥〦	〡〥	[illegible]	[illegible]	[illegible]	[illegible]
〡〡	六	〡〇〥〇		〇〡	〤〤	〡〦	[illegible]	[illegible]	[illegible]	[illegible]
〡〢	七	〡〇〥〤		〇〢	〣〡	〡〧	[illegible]	[illegible]	[illegible]	[illegible]
〡〣	八	〡〇〥〧		〇〣	〡〩	房初	[illegible]	[illegible]	[illegible]	[illegible]
〡〤	九	〡〡〇〡		〇〤	〇〦	一	[illegible]	[illegible]	[illegible]	[illegible]
白露	〡〇	〡〡〇〥		〇〤	〥〣	一	[illegible]	[illegible]	[illegible]	[illegible]
〡〦	〡〡	〡〡〇〨		〇〥	〤〇	二	[illegible]	[illegible]	[illegible]	[illegible]
〡〧	〡〢	〡〡〡〢		〇〦	〢〧	三	[illegible]	[illegible]	[illegible]	[illegible]
〡〨	〡〣	〡〡〡〦		〇〧	〡〤	四	[illegible]	[illegible]	[illegible]	[illegible]
〡〩	〡〤	〡〡〢〇		〇〨	〇〡	心初	[illegible]	[illegible]	[illegible]	[illegible]
〢〇	〡〥	〡〡〢〣		〇〨	〤〨	初	[illegible]	[illegible]	[illegible]	[illegible]
〢〡	〡〦	〡〡〢〧		〇〩	〣〥	一	[illegible]	[illegible]	[illegible]	[illegible]
〢〢	〡〧	〡〡〣〡		〡〇	〢〣	二	[illegible]	[illegible]	[illegible]	[illegible]
〢〣	翼初	〡〡〣〤		〡〡	〡〇	三	[illegible]	[illegible]	[illegible]	[illegible]
〢〤	一	〡〡〣〨		〡〡	〥〧	三	[illegible]	[illegible]	[illegible]	[illegible]
〢〥	二	〡〡〤〢		〡〢	〤〤	四	[illegible]	[illegible]	[illegible]	[illegible]
〢〦	三	〡〡〤〥		〡〣	〣〧	五	[illegible]	[illegible]	[illegible]	[illegible]
〢〧	四	〡〡〤〩		〡〤	〢〇	六	[illegible]	[illegible]	[illegible]	[illegible]
〢〨	五	〡〡〥〢		〡〥	〇〧	七	[illegible]	[illegible]	[illegible]	[illegible]
〢〩	六	〡〡〥〦		〡〥	〥〥	七	[illegible]	[illegible]	[illegible]	[illegible]

三 酉戌亥宮 度分	二 亥子宮 度分	十二 寅丑宮 度分	十一 卯寅宮 度分	四川天星立命 宿 度分	宮	加減 時分	天頂 太陽卯宮 宿 度
[illegible]	[illegible]	[illegible]	[illegible]	三 四 五 六 七 八 九 十 一 二 三 … 柳初 一 二 三 五 六 七 柳二	丑 … 子	[illegible]	觜七 八 九 十 觜初 一 二 三 四 五 六 七 八 九 十 立冬 … 三 四 五 六 七 八 九 十 一 二 三

三 申酉宮 度分	二 亥戌宮 度分	十二 丑子宮 度分	十一 寅丑宮 度分	四川天星立命 宿 度分	宮	加減 時分	天頂 太陽寅宮 宿 度
[illegible]	[illegible]	[illegible]	[illegible]	四 六 七 八 十 觜初 一 三 四 六 七 九 觜初 一 三 五 六 八 九 … 參初 二 三 五	子 … 亥	[illegible]	房初 一 二 三 四 尾初 一 二 三 四 五 六 七 尾初 一 二 三 四 五 六 七 八 九 十 一 二 三

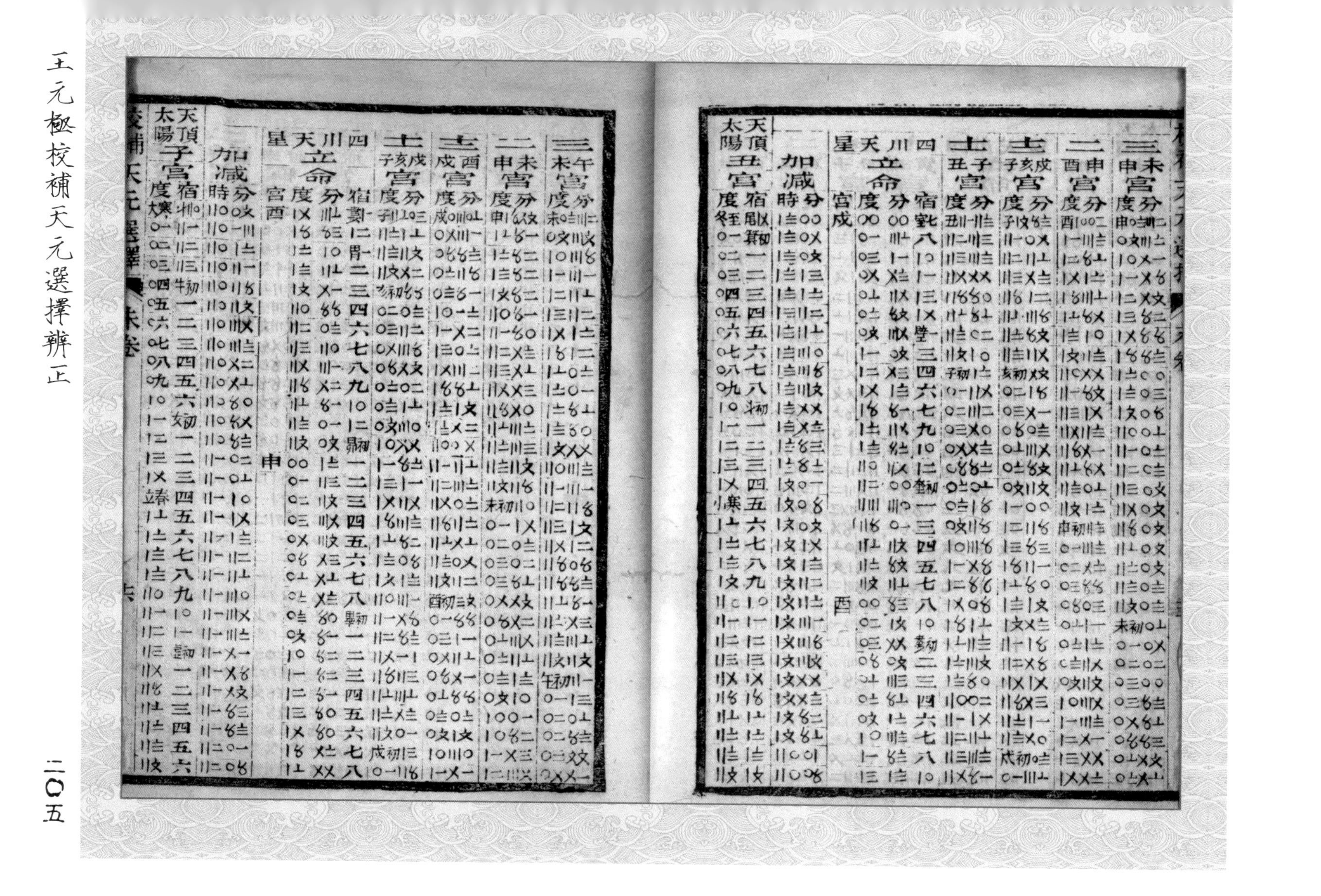

天頂太陽子宮		加減		四川天星立命				十一 子亥戌宮		十二 戌酉宮		二 申未宮		三 未午宮	
度	宿	時	分	宮	度	分	宿	度	分	度	分	度	分	度	分

天頂太陽丑宮		加減		四川天星立命				十一 丑子宮		十二 子亥戌宮		二 酉申宮		三 申未宮	
度	宿	時	分	宮	度	分	宿	度	分	度	分	度	分	度	分

天頂　四川天星

太陽亥宮度	宿	加減時分	立命宮	度	分	宿	十一戌酉宮度分	十二酉申宮度分	二未午宮度分	三午巳宮度分
雨水	虛七	〢二〇三	申	〡〧	〇〤	畢九	戌〇二〢〧	酉一〢〥一	未〡三〡〥	午〇〥〢三
〇一	八	〢二〡二		〡〧	〢〦	〡〇	〇三〤〩	〡〤〇〇	〡〤〡〤	〇〦〡〥
〇二	九	〢二〡〦		〡〩	〢〨	〡一	〇〥〇〇	〡〥〡〇	〡〥〇〤	〇〧〡〧
〇三	危初	〢二〢〇		〢〇	〢〧	〡二	〇〦〡一	〡〦〡〧	〡〤〥三	〇〨〇〨
〇四	一	〢二〢〤		〢一	〢〧	〡三	〇〧〢二	〡〧〢〦	〡〦〤〤	〇〩〇〇
〇五	二	〢二〢〨		〢二	〡〧	〡〤	〇〨〢三	〡〨〢三	〡〧〢三	〇〩〥〇
〇六	三	〢二〢一		〢三	〡一	觜初	〇〩〤三	〡〩〢〩	〡〨〢二	〡〇〤三
〇七	四	〢二〣〥		〢〤	〇〥	參初	〡〇〥三	〢〇〤〥	〡〩〡〇	〡一〣〤
〇八	五	〢二〣〩		〢〤	〥〧	初	〡二〇三	〢一〥〇	〡〩〥〤	〡二〢〦
〇九	六	〢二〤二		〢〥	〥一	一	〡三〡三	〢二〥〥	〢〇〤〧	〡三〡〧
〡〇	七	〢二〤〦		〢〦	〤〤	二	〡〤〢二	〢三〥〩	〢一〣〧	〡〤〇〩
〡一	八	〢二〥〇		〢〧	〣〦	三	〡〥〣一	〢〥〇二	〢二〢〦	〡〥〇〇
〡二	九	〢二〥〤		〢〨	〢〨	四	〡〦〤〇	〢〦〇〥	〢三〡三	〡〥〥一
〡三	〡〇	〢二〥〧		〢〩	〡〩	五	〡〧〤〧	〢〧〇〨	〢〤〇一	〡〦〤三
〡〤	〡一	〢三〇一	未	〇〇	〡〇	六	〡〨〥〦	〢〨〡〇	〢〤〤〩	〡〧〣〤
驚蟄	〡二	〢三〇〥		〇一	〇一	七	〣〇〇〥	〢〩〡一	〢〥〣〦	〡〨〡〥
〡〦	〡三	〢三〇〨		〇一	〥二	七	〣一〡二	申初〡二	〢〦〢〤	〡〩〡〧
〡〧	〡〤	〢三〡二		〇二	〤二	八	〣二〢〇	〇一〡二	〢〧〡二	〢〇〇〨
〡〨	〡〥	〢三〡〦		〇三	〣二	九	〣三〢〧	〇二〡二	〢〨〇〇	〢〇〥〩
〡〩	〡〦	〢三〢〇		〇〤	〢二	十	〣〤〣三	〇三〡一	〢〨〤〧	〢一〥〇
〢〇	〡〧	〢三〢〤		〇〥	〡二	井初	〣〥〤〇	〇〤〡一	〢〩〣〥	〢二〤一
〢一	〡〨	〢三〢〧		〇〦	〇一	一	〣〦〤〦	〇〥〇〩	午初〢二	〢三〣三
〢二	〡〩	〢三〣一		〇〦	〥〇	一	〣〧〥二	〇〦〇〧	〇一〇〩	〢〤〢〤
〢三	室初	〢三〣〤		〇〧	〣〩	二	〣〩〇〇	〇〧〇〥	〇一〥〧	〢〥〡〥
〢〤	一	〢三〣〧		〇〨	〢〧	三	酉初〇三	〇〨〇二	〇二〤〤	〢〦〇〧
〢〥	二	〢三〤二		〇〩	〡〧	四	〇一〇〨	〇〨〥〩	〇三〣二	〢〦〥〩
〢〦	三	〢三〤〥		〡〇	〇〥	五	〇二〡三	〇〩〥〦	〇〤〡〧	〢〧〥〇
〢〧	四	〢三〤〩		〡〇	〥〤	五	〇三〡〧	〡〇〥二	〇〥〇〦	〢〨〤二
〢〨	五	〢三〥三		〡一	〤二	六	〇〤〢一	〡一〤〨	〇〥〥三	〢〩〣三
〢〩	六	〢三〥〦		〡二	〣〇	七	〇〥〢〥	〡二〤〤	〇〦〤〇	巳初〢〤

用命度表設例二則

表內二宮三宮十一宮十二宮備詳分數與徒用整度者有別

用法一先有時刻而後求命度設日躔亥宮危初度查表右列時分二十二時二十分如申時初一刻八分用事查小時圖得三時初一刻八分化作二十三分共得二十五時四十三分減去二十四時餘一時四十三分乃向表尋其相近時分在一時四十分及四十四分之間與表不苻數用中比例法以四十分與四十四分相減餘四爲一率設數四十三分與表之四十分相減餘三爲二率所對立命午宮四度三十六分與五度二十三分相減餘四十七分爲三率求得四率三十五分與四度三十六分相加得午宮五度十一分立命係鬼宿初度天頂戍二十八度十一宮在申四度十二宮未七度二宮午二十九度三宮巳二十五度各宮皆由比例定之其餘四五六七八九宮對待自得

一先定命度而後求時刻設日躔亥宮虛七度查表右時分二十二時零八分如命須安耶宮二十三度一分乃向左對時分十時零九分內加二十四時減去二十二時零八分餘十二時零一分查小時圖得子正初刻一分是爲定眞時刻次於命度表左右檢其所對各宮照數錄之

交甫天元選擇　卷

四川太陽到方表

按省城北極出地〣〇度〤〢分推算

（各欄依次為 時 刻 分）

地平方位	冬至	小寒 大雪	大寒 小雪	立春 立冬	雨水 霜降	驚蟄 寒露
子	子 初三 十一	子 初三 十〇	子 初三 〇九	子 初三 〇七	子 初三 〇五	子 初三 〇二
癸	子 正初 〇四	子 正初 〇五	子 正初 〇六	子 正初 〇八	子 正初 十〇	子 正初 十三
丑	子 正初 十三	子 正一 十四	子 正一 〇三	子 正一 〇九	子 正二 〇二	子 正三 〇九
艮	子 正一 〇九	子 正二 十一	子 正二 〇三	子 正二 十四	子 正三 十二	丑 初初 十一
寅	子 正三 〇九	子 正三 十二	子 正三 〇九	丑 初初 十一	丑 初三 〇〇	丑 初三 〇七
甲	丑 初初 〇六	丑 初初 十二	丑 初初 十四	丑 初三 〇九	丑 正一 〇七	丑 正三 〇八
卯	丑 正初 〇三	丑 正初 十一	丑 正三 〇五	寅 初初 〇六	寅 初三 十四	寅 正一 〇八
乙	寅 初三 十三	寅 正初 〇七	寅 正三 〇二	卯 初初 〇四	卯 初三 十〇	卯 正一 〇四
辰	卯 正一 〇四	卯 正一 〇九	卯 正三 十一	辰 初初 〇六	辰 初三 〇五	辰 正初 〇五
巽	辰 正初 十〇	辰 正初 十四	辰 正一 十〇	辰 正一 十二	巳 初初 〇一	巳 初三 〇八
巳	巳 初三 〇三	巳 初三 〇五	巳 初三 十二	巳 初三 〇八	巳 正初 〇六	巳 正一 〇五
丙	巳 正一 〇七	巳 正三 〇八	巳 正二 十三	巳 正三 〇四	巳 正三 十一	午 初初 〇四
午	午 初三 〇三	午 初三 〇四	午 初三 〇五	午 初三 〇七	午 初三 〇九	午 初三 十三
丁	午 正一 十三	午 正一 十一	午 正一 十〇	午 正一 〇八	午 正一 〇六	午 正一 〇三
未	未 初三 〇六	未 初三 〇七	未 初二 〇三	未 初初 十一	未 初初 〇四	午 正三 十一
坤	未 正一 十三	未 正一 十〇	未 正一 〇三	未 正初 〇七	未 初三 〇九	未 初三 十〇
申	申 初三 〇五	申 初三 〇一	申 初三 〇五	申 初三 〇三	未 正三 十四	未 正三 〇七
庚	酉 初三 十〇	酉 初三 〇六	酉 初二 〇四	申 正三 〇九	申 正一 十〇	申 初三 十〇
酉	戌 正初 〇三	戌 初三 〇八	戌 初三 十四	酉 正三 十一	酉 正一 〇五	酉 初三 十一
辛	亥 初三 十三	亥 初三 〇四	亥 初二 十〇	戌 正三 〇九	戌 正一 〇二	戌 初三 〇七
戌	亥 正二 〇九	亥 正三 〇三	亥 正一 〇二	亥 正初 〇六	亥 初三 〇八	亥 初初 〇七
乾	子 初一 〇六	子 初二 〇一	子 初初 〇六	亥 正三 〇四	亥 正二 〇〇	亥 正初 〇八
亥	子 初二 〇六	子 初三 〇四	子 初一 十二	子 初一 〇一	子 初初 〇三	亥 正三 〇四
壬	子 初三 〇三	子 初三 〇二	子 初三 十三	子 初三 〇六	子 初三 十三	子 初三 〇六

地平方位	春分 秋分	清明 白露	穀雨 處暑	立夏 立秋	小滿 大暑	芒種 小暑	夏至
子	子 初三 〇〇	子 初三 十三	子 初三 〇九	子 初三 〇七	子 初三 〇五	子 初三 〇四	子 初三 〇三
癸	子 正一 〇〇	子 正一 〇三	子 正一 〇六	子 正一 〇八	子 正一 十〇	子 正一 十一	子 正一 十二
丑	子 正三 〇三	子 正三 十一	丑 初初 〇四	丑 初初 十一	丑 初一 〇二	丑 初三 〇七	丑 初三 〇八
艮	丑 初一 十一	丑 初三 十〇	丑 初三 〇九	丑 正初 〇七	丑 正一 〇三	丑 正一 十〇	丑 正一 十二
寅	丑 正一 〇〇	丑 正一 〇七	丑 正三 十三	寅 初三 〇三	寅 初三 〇五	寅 初三 〇一	寅 初三 〇五
甲	寅 初一 〇九	寅 初三 十〇	寅 正一 十〇	寅 正三 〇九	卯 初三 〇四	卯 初三 〇六	卯 初三 十二
卯	卯 初初 〇三	卯 初三 十一	卯 正一 〇四	卯 正三 十一	辰 初三 十四	辰 初三 〇七	辰 正一 〇七
乙	卯 正三 十三	辰 初三 〇八	辰 正一 〇〇	辰 正三 〇七	巳 初三 十〇	巳 初三 〇四	巳 初三 十三
辰	辰 正二 〇六	巳 初初 〇七	巳 初三 〇八	巳 正初 〇七	巳 正三 〇一	巳 正三 〇三	巳 正三 〇九
巽	巳 初三 〇〇	巳 正初 〇八	巳 正一 十四	巳 正三 〇五	午 初初 〇六	午 初一 〇一	午 初一 〇六
巳	巳 正三 〇四	巳 正三 〇五	午 初初 〇三	午 初一 〇一	午 初一 十二	午 初二 〇四	午 初二 〇六
丙	午 初初 十二	午 初一 〇六	午 初二 十三	午 初二 〇六	午 初三 十三	午 初三 〇一	午 初三 〇三
午	午 初三 〇〇	午 初三 〇二	午 初三 〇五	午 初三 〇七	午 初三 〇九	午 初三 十〇	午 初三 十一
丁	午 正一 〇〇	午 正初 十三	午 正初 十〇	午 正初 〇八	午 正初 〇六	午 正初 〇五	午 正初 〇四
未	午 正三 〇三	午 正三 〇九	午 正三 〇三	午 正一 〇九	午 正一 〇三	午 正初 十四	午 正初 十三
坤	未 初一 十一	未 初初 十〇	午 正三 十二	午 正三 十四	午 正三 〇三	午 正一 十一	午 正一 〇九
申	未 正一 〇〇	未 初三 〇七	未 初三 〇一	未 初初 十〇	午 正三 〇九	午 正三 十三	午 正三 〇九
庚	申 初一 〇九	未 正三 〇八	未 正一 〇七	未 初三 〇八	未 初一 十四	未 初初 十三	未 初初 〇六
酉	酉 初初 〇三	申 正一 〇六	申 初三 〇〇	申 初初 〇八	未 正三 〇五	未 正初 十一	未 正初 〇三
辛	酉 正三 十三	酉 正一 〇四	酉 初三 十一	酉 初初 〇四	申 正三 〇一	申 正初 〇八	申 初三 〇八
戌	戌 正二 〇六	戌 正初 〇五	戌 初三 〇五	戌 初初 〇六	酉 正三 十一	酉 正一 〇九	酉 正一 〇三
乾	亥 初三 〇〇	亥 初三 〇八	亥 初初 〇三	戌 正三 十三	戌 正一 十〇	戌 正初 十四	戌 正初 十〇
亥	亥 正三 〇四	亥 正二 〇五	亥 正初 〇六	亥 初三 〇八	亥 初一 十二	亥 初三 〇五	亥 初三 〇三
壬	子 初初 十二	子 初初 〇四	亥 正三 十一	亥 正三 〇四	亥 正三 十三	亥 正三 〇八	亥 正三 〇七

右四川省城太陽到方表。係用省城北極出地三十度四
十二分起算。凡北極相差一度之地。時分即有不同。須按
所差幾何。另行起算。方與地平實測相合。用表法。如立春
以後雨水之前。作壬山丙向。用巳正三刻四分起。至午初
一刻七分止。均得太陽到丙向。但此不過約署而已。若求
太陽實到所拌之一度。須用中比例法求之。設立春後用
午初一刻三分。是用時在原表巳正三刻四分與午初二
刻七分之間。則以巳正三刻四分與午初二刻七分相減。
餘三刻三分。爲原表時較。化作四十八分。爲一率。地經丙
方初度至午方初度相距一十五度。爲二率。用時午初一
刻三分。與原表巳正三刻四分相減。餘一刻十四分。化作
二十九分。爲三率。求得四率九度小餘三。加於丙方初度。
得丙方偏午一度半。是立春後午初一刻三分太陽所到
之定眞地平經度也。若先定丙方偏午一度半。在立春後
求用何時刻。得太陽到方。則以地經丙方初度至午方初
度相距一十五度爲一率。原表對丙方初之巳正三刻四
分與午方初度之午初二刻七分相減。餘三刻三分。爲原
表時較。化作四十八分。爲二率。地經丙方偏午一度半。實
距丙方初度得九度。爲三率。求得四率二十九分少三小
餘。加於巳正三刻四分。得午初一刻三分。是爲立春後太
陽到丙方偏午一度半之定眞時刻也。

按候星之學。既由北極覗差。則太陽出入。太陽到方。天星
立命各表。自非環球劃一之通例也。前列太陽出入四川
省城而外。只附北京一表。而到方立命。更簡單而獨論省
城。似不免罣一漏萬之誚。然以環球九萬里。據南北二百
里差一度之率約之。太陽出入各條。必各立四百五十表。
乃足以盡之。不但算不勝算。古來傳書。亦斷無若是之迂
拙者。蓋此道中有推步實測之活法。果能通之。隨地可以
密合。即前已列之表。亦不免爲多事耳。即有不通活法者。
但得本館匾渾天儀用以候星。無論太陽之出入到方。可
以不勞檢表。即太陰五星之出入到方。亦且瞭如指掌。其

立命十二宮更比表列爲詳有不待算而弧角可以立成
者也前列之表不過在川言川聊舉一隅而冀學者之反
三隅耳閱者以爲何如

書後

書爲解者傳所以古人有藏之名山傳之其人之說也昔
謝鄉耀以天元選擇傳世幾至紙貴洛陽凡習候星者莫
不日置案頭朝夕流覽若此可謂多得解人矣豈知謝氏
强作解人於前以不解之解解之後之讀其書者固無論
解與不解均不足與言此道也惟吾　師以經史之暇
旁及術數於謝氏之書獨作解人不但解其已解者弁其
未解之疑竇亦剜膚析髓以解之璦　同秀三賈芝藻光馮
家華子敷謝紹榮覲光李登朝樂山張積仁應學周緝熙
郁如袁明文以及雙江賈右民盧陽羅愼餘西充譙大用
犍爲周執中等執經門下固不區區求解選擇也然惜吾
師之校補是集實苦匠心不忍藏之名山而遠欲公之寰
宇使購而閱之者胥作解人之解人也門人王之璦謹識

校補天元選擇末卷終

占筮類			
1	擲地金聲搜精秘訣	心一堂編	沈氏研易樓藏稀見易占秘鈔本
2	卜易拆字秘傳百日通	心一堂編	
3	易占陽宅六十四卦秘斷	心一堂編	火珠林占陽宅風水秘鈔本
星命類			
4	斗數宣微	【民國】王裁珊	民初最重要斗數著述之一；未刪改本
5	斗數觀測錄	【民國】王裁珊	失傳民初斗數重要著作
6	《地星會源》《斗數綱要》合刊	心一堂編	失傳的第三種飛星斗數
7	《斗數秘鈔》《紫微斗數之捷徑》合刊	心一堂編	珍稀「紫微斗數」舊鈔秘本
8	斗數演例	心一堂編	
9	紫微斗數全書（清初刻原本）	題【宋】陳希夷	斗數全書本來面目；有別於錯誤極多的坊本
10－12	鐵板神數（清刻足本）——附秘鈔密碼表	題【宋】邵雍	無錯漏原版秘鈔密碼表　首次公開！
13－15	蠢子數纏度	題【宋】邵雍	蠢子數連密碼表　打破數百年秘傳　首次公開！
16－19	皇極數	題【宋】邵雍	清鈔孤本附起例及完整密碼表　研究神數必讀！
20－21	邵夫子先天神數	題【宋】邵雍	附手鈔密碼表　研究神數必讀！
22	八刻分經定數（密碼表）	題【宋】邵雍	皇極數另一版本；附手鈔密碼表
23	新命理探原	【民國】袁樹珊	子平命理必讀教科書！
24－25	袁氏命譜	【民國】袁樹珊	
26	韋氏命學講義	【民國】韋千里	民初二大命理家南袁北韋　北韋之命理經典
27	千里命稿	【民國】韋千里	
28	精選命理約言	【民國】韋千里	
29	滴天髓闡微——附李雨田命理初學捷徑	【民國】袁樹珊、李雨田	命理經典未刪改足本
30	段氏白話命學綱要	【民國】段方	民初命理經典最淺白易懂
31	命理用神精華	【民國】王心田	學命理者之寶鏡

32	命學探驪集	【民國】張巢雲	發前人所未發 稀見民初子平命理著作
33	澹園命談	【民國】高澹園	
34	算命一讀通——鴻福齊天	【民國】不空居士、覺先居士合纂	
35	子平玄理	【民國】施惕君	
36	星命風水秘傳百日通	心一堂編	
37	命理大四字金前定	題【晉】鬼谷子王詡	源自元代算命術
38	命理斷語義理源深	心一堂編	稀見清代批命斷語及活套
39－40	文武星案	【明】陸位	失傳四百年《張果星宗》姊妹篇 千多星盤命例　研究命學必備
相術類			
41	新相人學講義	【民國】楊叔和	失傳民初白話文相術書
42	手相學淺說	【民國】黃龍	民初中西結合手相學經典
43	大清相法	心一堂編	重現失傳經典相書
44	相法易知	心一堂編	
45	相法秘傳百日通	心一堂編	
堪輿類			
46	靈城精義箋	【清】沈竹礽	沈氏玄空遺珍 玄空風水必讀
47	地理辨正抉要	【清】沈竹礽	
48	《玄空古義四種通釋》《地理疑義答問》合刊	沈瓞民	
49	《沈氏玄空吹虀室雜存》《玄空捷訣》合刊	【民國】申聽禪	
50	漢鏡齋堪輿小識	【民國】查國珍、沈瓞民	
51	堪輿一覽	【清】孫竹田	失傳已久的無常派玄空經典
52	章仲山挨星秘訣（修定版）	【清】章仲山	章仲山無常派玄空珍秘 門內秘本首次公開 沈竹礽等大師尋覓一生未得之珍本！
53	臨穴指南	【清】章仲山	
54	章仲山宅案附無常派玄空秘要	心一堂編	
55	地理辨正補	【清】朱小鶴	玄空六派蘇州派代表作
56	陽宅覺元氏新書	【清】元祝垚	簡易・有效・神驗之玄空陽宅法
57	地學鐵骨秘　附　吳師青藏命理大易數	【民國】吳師青	釋玄空廣東派地學之秘
58－61	四秘全書十二種（清刻原本）	【清】尹一勺	玄空湘楚派經典本來面目 有別於錯誤極多的坊本

62	地理辨正補註 附 元空秘旨 天元五歌 玄空精髓 心法秘訣等數種合刊	【民國】胡仲言	貫通易理、巒頭、三元、三合、天星、中醫
63	地理辨正自解	【清】李思白	公開玄空家「分率尺、工部尺、量天尺」之秘
64	許氏地理辨正釋義	【民國】許錦灝	民國易學名家黃元炳力薦
65	地理辨正天玉經內傳要訣圖解	【清】程懷榮	秘訣一語道破，圖文并茂
66	謝氏地理書	【民國】謝復	玄空體用兼備、深入淺出
67	論山水元運易理斷驗、三元氣運說附紫白訣等五種合刊	【宋】吳景鸞等	失傳古本《玄空秘旨》《紫白訣》
68	星卦奧義圖訣	【清】施安仁	三元玄空門內秘笈　清鈔孤本 過去均為必須守秘不能公開秘密 與今天流行飛星法不同
69	三元地學秘傳	【清】何文源	
70	三元玄空挨星四十八局圖說	心一堂編	
71	三元挨星秘訣仙傳	心一堂編	
72	三元地理正傳	心一堂編	
73	三元天心正運	心一堂編	
74	元空紫白陽宅秘旨	心一堂編	
75	玄空挨星秘圖 附 堪輿指迷	心一堂編	
76	姚氏地理辨正圖說 附 地理九星并挨星真訣全圖 秘傳河圖精義等數種合刊	【清】姚文田等	
77	元空法鑑批點本——附 法鑑口授訣要、秘傳玄空三鑑奧義匯鈔 合刊	【清】曾懷玉等	蓮池心法　玄空六法 門內秘鈔本首次公開
78	元空法鑑心法	【清】曾懷玉等	
79	曾懷玉增批蔣徒傳天玉經補註【新修訂版原（彩）色本】	【清】項木林、曾懷玉	
80	地理學新義	【民國】俞仁宇撰	
81	地理辨正揭隱（足本） 附連城派秘鈔口訣	【民國】王邈達	揭開連城派風水之秘
82	趙連城傳地理秘訣附雪庵和尚字字金	【明】趙連城	
83	趙連城秘傳楊公地理真訣	【明】趙連城	
84	地理法門全書	仗溪子、芝罘子	巒頭風水，內容簡核、深入淺出
85	地理方外別傳	【清】熙齋上人	巒頭形勢、「望氣」「鑑神」
86	地理輯要	【清】余鵬	集地理經典之精要
87	地理秘珍	【清】錫九氏	巒頭、三合天星，圖文並茂
88	《羅經舉要》附《附三合天機秘訣》	【清】賈長吉	清鈔孤本羅經、三合訣法圖解
89–90	嚴陵張九儀增釋地理琢玉斧巒	【清】張九儀	清初三合風水名家張九儀經典清刻原本！

91	地學形勢摘要	心一堂編	形家秘鈔珍本
92	《平洋地理入門》《巒頭圖解》合刊	【清】盧崇台	平洋水法、形家秘本
93	《鑒水極玄經》《秘授水法》合刊	【唐】司馬頭陀、【清】鮑湘襟	千古之秘，不可妄傳匪人
94	平洋地理闡秘	心一堂編	雲間三元平洋形法秘鈔珍本
95	地經圖說	【清】余九皋	形勢理氣、精繪圖文
96	司馬頭陀地鉗	【唐】司馬頭陀	流傳極稀《地鉗》
97	欽天監地理醒世切要辨論	【清】欽天監	公開清代皇室御用風水真本
三式類			
98－99	大六壬尋源二種	【清】張純照	六壬入門、占課指南
100	六壬教科六壬鑰	【民國】蔣問天	由淺入深，首尾悉備
101	壬課總訣	心一堂編	過去術家不外傳的珍稀六壬術秘鈔本
102	六壬秘斷	心一堂編	
103	大六壬類闡	心一堂編	六壬入門必備
104	六壬秘笈——韋千里占卜講義	【民國】韋千里	依法占之，「無不神驗」
105	壬學述古	【民國】曹仁麟	集「法奇門」、「術奇門」精要
106	奇門揭要	心一堂編	
107	奇門行軍要略	【清】劉文瀾	條理清晰、簡明易用
108	奇門大宗直旨	劉毗	天下孤本 首次公開 盧白廬藏本《秘藏遁甲天機》 奇門不傳之秘 應驗如神
109	奇門三奇干支神應	馮繼明	
110	奇門仙機	題【漢】張子房	
111	奇門心法秘纂	題【漢】韓信（淮陰侯）	
112	奇門廬中闡秘	題【三國】諸葛武侯註	
選擇類			
113－114	儀度六壬選日要訣	【清】張九儀	清初三合風水名家張九儀擇日秘傳
115	天元選擇辨正	【清】一園主人	釋蔣大鴻天元選擇法
其他類			
116	述卜筮星相學	【民國】袁樹珊	民初二大命理家南袁北韋
117－120	中國歷代卜人傳	【民國】袁樹珊	南袁之術數經典